In queste pagine scoprirai come:

- guadagnare ore alla settimana da dedicare al tuo sogno personale

- risparmiare diversi mal di schiena durante l'anno

- ma soprattutto ritroverai l'energia per sorridere, illuminando così il

tuo mondo ed anche il mio.

Ti offro tutta la mia ricerca
affinché il tuo sorriso allieti i miei giorni

"Meglio una manciata con riposo
che due manciate con fatica."

Ecclesiaste

Premessa

Viaggeremo insieme in molti settori della nostra vita, scoprendo come alleggerirci di un bel po' di FATICA e ritrovare il piacere, l'energia e la gioia di fare (o di non fare) cose molto più belle e appaganti per noi stessi e per chi ci è vicino; risparmiando magari anche qualche soldo, che non guasta.

Il viaggio spazia dal banale accorgimento di indossare un abito da casa, veramente adatto a ciascuno, ai tipi di materiali che richiedono meno lavoro di pulizia in assoluto, alle tecniche "collaudate" per gestire i nostri rapporti con enti pubblici, con certi tipi di parenti e colleghi e molto altro ancora...

Sono stata "costretta" a questa ricerca a causa di una terribile fibromialgia che mi ha condizionato la vita per 10 anni e, sebbene stia migliorando, continuo a usufruire di quel che ho scoperto per necessità, godendomi un po' di più la vita.

La fatica non comporta solo stanchezza, soprattutto quando è protratta nel tempo; mi riferisco a tutti quei lavori monotoni e ripetitivi che svolgiamo ogni giorno. La fatica cronica (e talvolta anche inutile) abbatte interiormente, frustra, priva d'iniziative che colorirebbero le giornate e la vita stessa, per non parlare dei danni _evitabili_ ai nostri preziosissimi corpi.

Ho parlato con centinaia di donne e molti uomini della gestione della casa e confesso anche d'incantarmi davanti alle finestre aperte (spero di non venire arrestata per voyeurismo) per osservare la disposizione degli oggetti e il modo in cui le persone svolgono i lavori di casa. Devo dire d'aver incontrato diverse persone che traggono proprio SODDISFAZIONE nello strusciare i pavimenti. Sebbene questa posizione sia distante anni luce dalla mia, i miei studi astrologici mi insegnano: chi ha la luna nel toro ama rifugiarsi nei lavori domestici e le persone del segno del Cancro amano molto prendersi cura della casa. Ebbene questo libro è rivolto anche a loro, perché NIENTE in una casa o nella sua conduzione giornaliera è puramente casuale. Tutto ciò che è nelle nostre case o sulle nostre scrivanie ci rispecchia in qualche modo e misura. Iniziare a cambiare anche un piccolissimo atteggiamento esterno o spostare soltanto una poltrona, implica iniziare a "spostare" qualcosa dentro di noi e cominciare a vedere alcune situazioni in maniera diversa, avendo così la possibilità di giungere a qualcosa di nuovo e magari di più adatto a se stessi.

(Per chi mastica un po' di astrologia: avrete già capito che sono una donna dei gemelli, le più refrattarie in assoluto al focolare domestico.

Convertita per amore, solo per amore).

Ovviamente anch'io amo vedere la casa e i miei abiti puliti e soprattutto profumati e siccome mi dà noia l'idea che un'altra persona metta mano in casa mia, perché comunque riordinare casa significa anche riordinare i propri pensieri, escogito continuamente ogni minimo accorgimento "Zia Maria" (ogni escamotage che mi risparmi fatica).

Chiedo scusa a chi volesse leggere questo libro solo come un manuale.

Vi invito a leggere tutto il libro, perché molte idee ben si associano a diversi settori del nostro quotidiano che sono in realtà collegate in molti più modi di quel che sembra.

Non preoccupatevi: è breve ed è scritto con caratteri ben leggibili
..... mica voglio affaticarvi...

Spaparanzatevi sul divano con la vostra bibita preferita ….si parte!!!!!!

QUANTI TIPI DI FATICA ESISTONO?

Qualcuno dirà: che discorsi, la fatica è spostare qualcosa di pesante, sopportare una riunione di otto ore, stare in coda in macchina, strusciare i pavimenti !!!

Devo rispondere: non solo.

Spesso nemmeno ci rendiamo conto di quanti tipi di fatica, stress e sollecitazioni sopportiamo contemporaneamente nell'arco di una giornata. Quanti pensate siano?

Iniziamo l'elenco:

- Termico (sbalzi di temperatura, abiti inadatti….)
- Acustico (rumori e voci continui e/o sgradevoli)
- Olfattivo (odori nauseabondi)
- Visivo (massima attenzione al computer, sui libri, in macchina e a piedi, la vista di sporcizia ed altre brutture)
- Fisico (sopportare continuamente uno o più acciacchi, correre in mezzo allo smog, caricarsi di sacchi di spesa, tranguiare in fretta panini stantii, tirare su e giù il bambino dal passeggino e spesso dover rimanere seduti e fermi per ore forzatamente)
- Immunitario (veniamo a contatto con miliardi di germi, batteri, virus ed altro continuamente)
- Urbano (Sembra che la gente voglia camminarmi addosso…Che brutte facce…Quello dietro l'angolo ha l'aria di volermi scippare.. Devo farmi sette chilometri di strada trafficata in centro, pregare per un posteggio e sperare di arrivare in tempo allo sportello)
- Mentale (Oh Dio quante cose devo sbrigare prima di sera? Riuscirò a ricordarmele tutte? Dovrei comprare le pile nell'altro negozio, costano meno, ma non ho il tempo di andarci. Il telegiornale ha detto…)
- Emotivo (Spero di non litigare anche oggi, di riuscire ad accontentare i miei invitati; che fatica sopportare tutte queste facce tese, oppure… che frustrazione, vorrei fare anche dell'altro nella mia vita.)
- Elettromagnetico (siamo continuamente bombardati da onde elettromagnetiche. Le fonti sono tantissime, cellulare in primis, che mettono a dura prova diverse nostre funzioni.)

- Culturale (bisogna fare così in questa situazione ed entro poco tempo ...Mia madre mi ha sempre detto che questo non va bene, questo non si fa)
- Relazionale (chissà se sono un buon genitore.. Se faccio così mia suocera non capisce o mia cognata potrebbe fraintendere ...Quel mio collega non vede l'ora di mettermi in cattiva luce per farmi le scarpe)
- Sociale (anche se mi annoio a morte non posso declinare di nuovo l'invito a cena, ma sono stanca di vedere tutte quelle persone lavorare così tanto, trascurando i loro figli e compagni per comprare quei ridicoli gioielli. E poi mi ridono dietro perché sono la "sguarnita" e non ho nemmeno il macchinone di lusso).
- Personale (Non mi sopporto, non mi piace niente addosso, tanto non piaccio in nessun modo e i miei colleghi mi ridono comunque continuamente dietro)
- Persino spirituale (esisto per essere inghiottito da questa vita assurda, nella quale giro come una trottola solo per accorgermi che mi sta scivolando dalle mani e non mi ricordo nemmeno come sia un cielo stellato!)
- E, ovviamente, le immense fatiche ineluttabili di alcuni momenti della vita, così dolorose da riuscire quasi a schiacciarci.

OVVIAMENTE TUTTO QUESTO SUCCEDE IN CONTEMPORANEA!!!

AVVILITI???

No, non lasciamoci abbattere.Prima di tutto perché comunque riusciamo in qualche modo a far fronte a tutto questo (poi ci chiediamo perché siamo così stanchi), ma soprattutto perché esistono molti aiuti e "trucchi" che vedremo insieme. Ma.......................

RICORDATEVI *SEMPRE* DI TROVARE ALMENO QUALCHE MINUTO AL GIORNO PER FARE CIO' CHE PIU' AMATE...ALTRIMENTI NON VI RICARICARETE MAI.

Un piccolo ma importante suggerimento, veloce e di facile attuazione, da mettere subito in pratica:
-cercare di ascoltare, annusare e guardare tutti i giorni almeno qualche minuto di suoni armoniosi, almeno un profumo meraviglioso e un colore che vi dia gioia. E' facile a farsi, basta una boccetta di profumo (meglio un olio essenziale naturale), un cd e una foto o un quadro.

Bastano questi pochissimi minuti per produrre innumerevoli ormoni che giovano alla salute psico/fisica e per creare nuove e positive sinapsi mentali.

L'olfatto è collegato in maniera potente all'endocefalo, la parte primordiale del nostro cervello (il profumo della carne alla brace... che fa venire l'acquolina in bocca) ed è il responsabile di innumerevoli processi; non meno importanti le funzioni di vista e di udito (per udito intendo soprattutto le vibrazioni musicali che coinvolgono tutto il corpo.) Se a questo aggiungiamo una doccia veloce per scaricarci di molta energia elettromagnetica e altre "schifezzine" accumulate durante la giornata, *abbiamo già fatto qualcosa di davvero significativo per il nostro benessere.*

Ora che abbiamo già un po' di ricarica possiamo procedere.

Prima di mettere mano al negativo, occorre avere una meta positiva in mente. Questa meta può essere qualsiasi cosa vi faccia piacere: leggere, scrivere, sognare ad occhi aperti, parlare con un amico/a, guardare le stelle (si, sto parlando di piccole gioie quotidiane, ma sono proprio quelle a fare la differenza nella nostra vita). Concedetevi sempre qualche minuto, tutti i giorni o quasi, oppure un appuntamento settimanale con voi stessi, se avete bisogno di più tempo per: dipingere un quadro, fare bricolage, camminare nei boschi.
Pensate anche al recupero dei tempi di attesa, affinché siano proficui anche per voi..Come? Quando devo andare dal medico infilo un libro o il mio tanto amato lavoro a maglia in borsa, così leggo o sferruzzo mentre aspetto, invece di guardare le facce scocciate accanto a me.

Per chi ama la tecnologia, con i nuovi telefonini è possibile organizzare, cercare, scrivere ad amici sempre mentre aspettiamo in coda.

E ..."last but not least" (ultimo, ma non meno importante), coltiviamo tutti i giorni un sogno, piccolo o grande che sia; l'unica cosa che conta è che deve essere importante per noi stessi, per esprimere ciò che ha veramente significato per noi e per le nostre vite. Se non nutriamo le nostre menti, il nostro spirito verrà meno, e perderemo tutto il senso di questa vita sempre più frenetica e talvolta assurda. Corriamo altrimenti il rischio di non ricordare nemmeno più perché ci sbattiamo a destra e a manca, come dei forsennati che tentano di sopravvivere.

Sei talmente stanco da aver dimenticato i tuoi desideri? Hai lasciato cadere le tue aspirazioni più profonde perché ti hanno detto che erano poco realistiche?

Concediti qualche ora in silenzio e il tuo desiderio, il tuo bisogno interiore tornerà a visitarti, magari con una possibile via di realizzazione.
Più ci sentiamo appagati interiormente, più possiamo fare (e qualche volta sopportare) nella vita.

Per chi fosse interessato, ricordo semplicemente che la pratica della meditazione aiuta a smaltire lo stress, fa sentire più riposati e, qualche volta, fornisce delle intuizioni in più per affrontare le situazioni. Con un po' di pratica si riesce a farla persino in coda dal medico, senza che nessuno se ne accorga.

E ora torniamo al nostro percorso di eliminazione della fatica:

PRIMO PASSO

Se esiste la benché minima possibilità d'intervenire su qualsiasi cosa o situazione che vi infastidisce, FATELO!

Fatelo anche se vi sembra serva a poco o niente, perché sapete bene che è l'accumularsi di piccole cose e gesti che può fare la differenza.
Tradotto in termini pratici, significa poter guadagnare ore di tempo ogni settimana, più voglia di sorridere e di dedicarsi alle proprie passioni personali.
Vi ritrovate con un brutto muso di dirimpettaio di scrivania in ufficio? Mettete una bella piantina che funga da barriera. Meglio ancora un oggetto riflettente così, magari stanco di vedersi così immusonito, impara a sorridere. I piccoli ed i grandi interventi che possiamo attuare sono moltissimi e con un po' di creatività diventano infiniti.
Riorganizzare, dipingere, spostare, buttare, coprire, giocare, ironizzare, declinare, camuffare, barattare, sorridere per spiazzare, ma soprattutto prendere coscienza che possiamo fare qualcosa di concreto per migliorare il nostro quotidiano, riappropriandoci delle nostre forze e in qualche caso ......IMPARARE A DIRE DI NO!

Vedremo molti suggerimenti più dettagliati, ma nel frattempo iniziate a pensare a quante piccole, anzi apparentemente insignificanti, cose o situazioni della vostra quotidianità vi creano anche il minimo disagio.
Annotatele perché vedrete che sono molte di più di quanto avreste mai creduto. Lasciate uno spazio vuoto accanto a ciascuna per appuntarvi un possibile rimedio (esiste sempre qualcosa per migliorare almeno un po' le situazioni).
Ognuno di noi ha il sacrosanto diritto di migliorare il proprio microcosmo e, così facendo, miglioriamo la vita anche a chi ci è accanto.

Un indicatore fondamentale da ascoltare per capire cosa ci infastidisce risiede negli innumerevoli segnali del nostro corpo. Uno degli aspetti fondamentali della fatica risiede, ma soprattutto consiste, proprio nel nostro atteggiamento interiore, che non sempre si manifesta apertamente. Rivedremo questo argomento in maniera più approfondita nell'arco di queste pagine; ora iniziamo dallo strumento primario:

il nostro preziosissimo corpo.

Per prima cosa vi invito a fare una mappatura *DETTAGLIATA* del vostro corpo di cui purtroppo ci accorgiamo solo quando inizia a mandare i segnali di crisi.

Per svariati motivi, di circolazione, di morfologia personale, traumi e via dicendo, alcune parti del nostro corpo soffrono in maniera più marcata ad esempio:

il freddo o il caldo, lo sforzo che richiedono alcune posizioni, un determinato tipo di materasso, sedia, poltrona, automobile, anziché un altro .

Tutto questo è un ulteriore fattore di stress per il nostro corpo, quindi per prima cosa, *almeno in casa*, meglio se sempre, dopo aver individuato le vostre zone fredde trovate il modo più adatto di coprirle al meglio, infischiandovene anche un po' di un senso prettamente estetico, che magari non corrisponde nemmeno al vostro, ma è solo un fatto di moda.

Per esperienza di molti, alcuni tipi di mal di testa, dolori vari, nevralgie dolorosissime e tendenza al raffreddore possono essere evitati con un bel cappello, asciugandosi bene i capelli ed una bella sciarpa di lana d'inverno e di cotone d'estate.

I ragazzi che girano in pieno inverno con quei pantaloni a vita bassissima con i reni e la pancia di fuori, magari subito dopo aver ingurgitato un hamburger ad un fast food, rischiano continuamente una congestione e comunque affaticano tutti i loro organi.

Gli indumenti che ci occorrono possono diventare parte integrante di un nostro stile personale che ci farà sentire sempre a nostro agio ovunque ci troviamo e sapete bene quanto questo sia importante anche a livello sociale. Ho creato una collezione di scialli, di ogni tipo di fattura, colore e materiale perché lo scialle per me è uno degli indumenti più versatili (basta spostarlo dove si ha freddo), coccolosi, avvolgenti e perché no....anche femminili che non guasta.

Di quanto siano importanti le scarpe non mi pare nemmeno il caso di soffermarcisi perché tutti conoscono lo stillicidio del mal di piedi, ma pochi sanno quanto possa essere altrettanto dannoso indossare le scarpe da ginnastica tutto il giorno. Le suole di gomma impediscono al corpo di eliminare l'energia elettrostatica accumulata durante il giorno, (lo stesso vale per chi tiene i collant per tante ore), per non parlare della mancata traspirazione del piede. E' meglio permettere al nostro corpo di scaricare l'energia elettromagnetica accumulata ed altro, camminando almeno dieci minuti scalzi (o con calze di fibra naturale) per casa. Alternare un pochino l'altezza del tacco (parlo per le donne ovviamente) aiuta sia la circolazione che la flessibilità muscolare delle gambe. In casa consiglio d'usare almeno un paio di volte la settimana, le pantofole con i chiodini di gomma che massaggiano tutta la pianta del piede così mentre lavoriamo pensiamo alla salute del nostro corpo (mi riferisco ovviamente all'importanza delle zone riflesse del piede.)

Molte persone non si cambiano d'abito quando arrivano a casa sino all'ora in cui vanno a letto, questo, oltre che sporcare più velocemente un abito che magari arieggiato, potrebbe tranquillamente essere indossato nuovamente; cosparge per tutta casa i germi, i microbi o altro che abbiamo raccolto in giro.

Un bell'abito da casa avvolgente e comodo, con delle belle tasche che ci risparmiano quegli inutili avanti e dietro per le stanze perché non riusciamo a potarci dietro tutte le cose in una volta, oltre a farci sentire più a nostro agio, toglierci la preoccupazione del dover stare attenti alle macchie, ci aiuta anche a livello immunitario.

- Non possiamo sentirci riposati se non dormiamo bene

Quindi se non vi trovate bene con il vostro materasso informatevi bene sul tipo migliore per le vostre esigenze e mettetelo in cima alla lista delle spese. Ma a volte non basta un buon materasso. Se vi svegliate male o stanchi provate a prendere in considerazione i seguenti fattori: (ovviamente dopo aver fatto ogni accertamento medico ed escludendo i momenti purtroppo difficili della vita in cui è facile perdere il sonno)

1) Orientamento del letto. Molti sostengono che l'orientamento giusto sia avere la testa a Nord (per "assecondare" il flusso elettromagnetico della terra), ma questa posizione non è valida se comporta mettere il letto sotto la finestra o ritrovarvi con i piedi verso la porta. Non posso fare un trattato di Feng Shui (l'arte cinese sulla disposizione degli elementi nel nostro ambiente) sia perché richiede anni di esperienza, sia perché non mi reputo ancora all'altezza di farlo. Mi limiterò a riportarvi alcune nozioni di

Feng Shui, di bioarchitettura e di altre discipline che ho masticato negli anni.

Dunque vista la direzione del letto dobbiamo ancora vedere se la testata del letto si trova a contatto con una parete in cui passano i tubi dell'acqua, soprattutto se si tratta dello scarico del WC, anche questo disturba il nostro organismo.

Così come il computer disturba in camera da letto, assieme a:

-la sveglia a cristalli liquidi,

-oggetti incombenti che possono dare un senso di pericolo o di soffocamento

-qualcuno dice le travi a vista del soffitto (basta coprirli con un bel telo o usare il baldacchino/zanzariera),

-l'aria viziata (vedo che spesso gli uomini non amano aprire le finestre),

-colori "claustrofobici" nell'arredamento (soprattutto il rosso in tutte le sue gradazioni),

-gli specchi, se sono grandi andrebbero coperti di notte

- cosa più difficile da individuare per chi non è pratico: un nodo di Hartmann, in questo caso meglio rivolgersi ad un esperto SERIO, il modo casalingo è di fare caso se il gatto va sempre a ronfare su un certo punto del letto, se sì, ha individuato un nodo dannoso per noi, ma non per lui. Se non potete spostare il letto si consiglia di mettere una piramide (piccolina meglio se di quarzo ialino) sul comodino con un lato orientato a nord. Personalmente oltre a questo, uso anche dei pannelli di sughero sotto al letto come isolanti e noto la differenza.

-uno spazio troppo angusto- sebbene alcuni si sentano più sicuri rannicchiati in un angolino.

- vedersi davanti qualsiasi oggetto che non ci piace o peggio ancora che ci ricordi una persona sgradevole.

(Non riusciamo nemmeno ad immaginare quante sinapsi creiamo continuamente ogni secondo e la vista o qualsiasi forma di presenza di persone o situazioni che noi viviamo come negative, ci riportano a formulare associazioni, pensieri e sillogismi distruttivi per noi stessi senza che nemmeno ce ne rendiamo conto. Quindi eliminare ogni traccia di brutti ricordi alleggerisce in maniera sostanziale la nostra casa ed il nostro cuore.)

2)Cercare di assorbire almeno un'ora di luce solare al giorno,meglio se al mattino, senza filtri (occhiali di qualsiasi tipo o i vetri delle finestre) questo permette al nostro organismo di regolarizzare i cicli di sonno e di veglia e allontana la depressione. Nei momenti di sballottamento, come i viaggi possiamo ricorrere alla melatonina (chiedere conferma al medico curante sempre). So bene che non possiamo sempre uscire per un'ora, ma basta aprire le finestre e non indossare gli occhiali appena svegli, mentre svolgiamo i nostri rituali mattutini (diamo magari un'occhiatina alle piante sul balcone e con gioia vediamo spuntare una nuova fogliolina, riprendendo così un minimo contatto con la natura, tanto prezioso per il nostro equilibrio) per assorbire la luce solare tanto necessaria. Ho comprato anche una lampada che emette una luce simile a quella solare che accendo soprattutto durante le lunghe giornate piovose d'inverno e devo dire che aiuta. Nei paesi nordici queste lampade aiutano molto gli scandinavi a non cadere in depressione.

3) Concedersi qualche minuto di "decompressione" prima di andare a letto; ascoltare una musica rilassante e dolce, massaggiarsi la testa (esiste un semplicissimo aggeggio da far scivolare su e giù lungo il cuoio cappelluto che dà immediatamente una sensazione assolutamente meravigliosa), bersi una tazza di acqua e latte caldo o qualsiasi altra cosa tenera e confortante vi venga in mente. Personalmente cerco di risolvere i litigi prima di coricarmi perché col mio carattere, non chiuderei occhio tutta la notte.

Molte persone dicono di non aver voglia o tempo per occuparsi anche del proprio sonno e ingurgitano sonniferi come caramelle e purtroppo questo modo "di far prima" si estende anche agli antidolorifici. Quando passeggiate in centro e guardate le persone che vi passano accanto è spesso un'esperienza piacevole? Non sempre direi. Gli occhi, le voci e i volti di queste persone sono spenti. I loro movimenti sono pesanti e rallentati e accusano una stanchezza perenne. L'aspetto più grave di tutto ciò è che mettono continuamente a tacere dei sintomi importanti che grazie al cielo, esistono per cercare di salvarci la vita. Avrete notato che riprendo spesso il concetto dell'importanza del pensiero e della mente perché è proprio la nostra mente a condurre gran parte della nostra vita. Non ascoltare i segnali di un malessere fa correre il rischio di somatizzazioni anche gravi. I primi anni di soffocamento dei propri pensieri negativi e autodistruttivi possono sfociare in una fastidiosa colite, ma decenni di repressione forzata di ogni sintomo può far spuntare ben altro. Anche la scienza annovera lo stress tra i fattori killer; ma non si dilunga molto sul fatto che siamo noi ad auto produrne buona parte.

Crediamo di essere molto evoluti, studiamo il cosmo, le filosofie, inventiamo grandi tecnologie ma.....ripeto..........ma ognuno di noi ha una parte dell'inconscio che è **perfettamente idiota.**
Non balzate sulla sedia ora mi spiego meglio. Una parte di noi recepisce pedissequamente ciò che gli viene ordinato o detto e la nostra parte senziente (la logica, l'intelligenza, la sensibilità, la ragione) può ben poco in questo processo. Questa strana parte di noi non capisce nemmeno le forme di negazione ad esempio:
"non è brutto" viene recepito come: brutto.
Questa parte dell'inconscio va ad impattarsi con tutte le altre parti di noi e crea talvolta dei problemi. La soluzione è abbastanza semplice (si fa per dire...fingete almeno di crederci per ora, dopo ne sarete contenti)

PRESTARE ATTENZIONE AI PROPRI PENSIERI E ALLE PAROLE CHE PRONUNCIAMO.

Vi racconto un'esperienza che ho vissuto più volte. Nella premessa ho accennato alla fibromialgia di cui soffro sempre meno, ma che nei primi tempi mi impediva addirittura di camminare. Ogni tanto avevo degli attacchi talmente violenti che nemmeno gli antidolorifici riuscivano a calmare gli spasmi. Un pomeriggio tra le lacrime e la disperazione iniziai ad urlare: "Basta corpo, tu sei al mio servizio e non io al tuo, rientra subito nei ranghi!"
Il dolore si calmava istantaneamente e diventava sopportabile.
Sembra un mistero incredibile vero? La nostra complessità è immensa e ne conosciamo ancora pochissimo. E' per questo che insisto e insisterò ancora sul circondarsi di persone e cose positive per generare più pensieri positivi; sullo sperimentare situazioni nuove e costruttive per sviluppare nuove sinapsi mentali utili, indispensabili per il nostro benessere perché

*SAPETE BENE CHE LA VERA FATICA E' SOPPORTARE CIO' CHE CI
ADDOLORA NELLA VITA SENZA INTRAVEDERE UNA VIA
D'USCITA*
**Ripeto ancora con forza che si può SEMPRE fare qualcosa per
migliorare le situazioni.**

Perdonatemi se mi sono soffermata su questi concetti, ma sono i più
importanti che ho trovato in tanti anni di ricerca e sento il dovere e il
piacere di trasmetterli.

Tornando alle persone sonnifero dipendenti, posso soltanto instillare loro
il dubbio che esistono diversi altri modi, molto più salutari e rispettosi del
proprio corpo e della propria persona per godere del giusto sonno
ristoratore. Tra questi, dopo la melatonina, esercizi di rilassamento,
cercare di essere in pace con sé stessi e poi ne esiste uno infallibile:
andare in campagna e zappare un pezzetto di terra.
Nei momenti critici prendo una vanga e sfogo le tensioni; è un vero
toccasana e la sera ti coglie un sonno che credevi d'aver perduto con
l'infanzia.
Se non riuscite a dormire come angioletti dopo aver preso in
considerazione tutti questi elementi occorre entrare il altre sfere sia
personali che energetiche che non rispecchierebbero il taglio di questo
libro, ma di cui vi fornirò volentieri indicazioni su richiesta.
Mi limito a suggerire (ovviamente a chi non ha problemi di allergie) una
goccia di olio essenziale di lavanda sul cuscino o qualche goccia in un
diffusore per ambienti e SOGNI D'ORO......

Lo stesso vale per la poltrona preferita, la sedia di fronte al computer
(consiglio vivamente almeno uno sgabello ergonomico, fa "sparire" molti
mal di schiena a condizione che sia autentico)
l'altezza della tv e dello schermo del computer e dei sanitari.
Quante ore passiamo davanti al lavandino di cucina??? Cercate di
sistemarlo all'altezza giusta per chi cucina di solito. Se non potete
spostarlo usate un tappetino che vi consenta di togliervi almeno le scarpe,
o se è troppo alto quelle belle pedane di legno che vengono usate sulle
barche... la vostra schiena mi ringrazierà.

- IL NOSTRO RIFUGIO

Passiamo ora alla casa, che ci protegge e dove viviamo la parte più intima e vera delle nostre esistenze e ci rifugiamo. Il 99,99% di noi non può permettersi la casa dei suoi sogni, ma con un po' di creatività e poche ore di lavoro possiamo sistemarla al meglio per le nostre esigenze e incominciare a sentirla veramente nostra.

Si fa sempre maggior fatica a badare a ciò che NON ci piace, quindi sapete che fare.

Qualcuno desidera seguire le mode, se è contento del risultato ha già ottenuto quel che voleva, ma se così non fosse pensiamo un attimo a quelle riviste patinate di architettura che propongono delle soluzioni letteralmente assurde riciclando cose che abbiamo buttato via da anni, facendole passare per il non plus ultra dello stile.
Quando entriamo a casa dobbiamo sentirci abbracciata da essa, contenti di tornare nel nostro rifugio perché, oggi soprattutto, è il luogo di maggior ricarica.

Non importa se non è perfetta, anzi il concetto di perfetto, secondo me, andrebbe abolito in senso proprio generale e sostituito con il concetto di:

ARMONIOSO.

Siamo tutti imperfetti, ma perfettibili e la distanza che intercorre tra l'imperfezione e la perfezione è infinita,faticosissima e forse non appartiene nemmeno a questa vita; quindi affidiamoci ad un'armonia di intenti che è molto più autentico e vero.

Pensate ai colori che più vi danno gioia e benessere, tirate fuori dai cassetti gli oggetti che vi ricordano momenti felici o persone care. Sistemate i mobili nella maniera più funzionale oppure "simpatico" fregandovene dei canoni. Individuati i colori, partite coi pennelli!

Ho pitturato pareti, vecchi mobili, cornici di quadri, applicato stencil e creato effetti trompe l'ouielle; ricoperto divani con teli batik fatti da me in lavatrice, creato effetti luce con degli specchi, rifatto lampadari all'uncinetto con dei simboli positivi, creato un davanzale aromatico, fatto dei quadri con foglie secche insomma ho espresso la mia personalità e creatività (molto importante per ciascuno di noi) e anche questo mi dà il piacere di rimanere a casa per godermela.

Dobbiamo intendere lo stesso concetto al contrario se qualcuno si accorge che in realtà ha sempre desiderato uno stile essenziale. Portate tutte le cianfrusaglie al mercatino dell'usato, trovate un armadietto essenziale per mettere via il resto e godetevi lo spazio.

Vi prego di tutto cuore di lasciar perdere i giudizi altrui. Sistematevi la VOSTRA casa come più vi piace senza preoccuparvi.......

Desidero solo accennare al fatto che tutti qualche volta siamo caduti del tranello di attribuire troppa importanza ad un parere altrui.... FATICA SPRECATA!

E noi non intendiamo più faticare inutilmente. Una volta assolti gli obblighi sociali, concediamoci il diritto di vivere, di essere, di amare e di essere amati come sentiamo sia giusto per noi, nel rispetto del prossimo e dei nostri principi, tanto qualcuno (se vuole) troverà sempre qualcosa da ridire....

Ognuno di noi percepisce fisicamente la materia in maniera diversa. Questo è dovuto non solo alle innumerevoli differenze dei nostri organi visivi (gli occhi), ma anche a tutte le esperienze che abbiamo vissuto e che influenzano ciò che riusciamo a vedere o meno. L'esempio più acclamato è di quando Cristoforo Colombo approdò nelle Americhe. Siccome nessun indigeno aveva mai visto, ne sentito parlare di vascelli, non riuscivano a vederlo a largo mentre si avvicinava. Solo qualcuno di loro intuiva che si trattava di qualcosa in avvicinamento e, solo dopo che queste persone sono riuscite a comunicare agli altri quel che sentivano, gli altri hanno iniziato a prestare attenzione a ciò che prima nemmeno immaginavano.

Per quanto assurdo possa sembrare ci troviamo di fronte a situazioni simili nella vita di tutti i giorni. Poche persone hanno il tempo, la sensibilità e la volontà di entrare nei panni altrui per comprendere meglio il prossimo, vivono nella certezza che la loro realtà sia l'unica che VADA BENE e danno per scontato che tutti ci si debbano adeguare in qualche modo. E' più facile criticare il vicino che non accettarlo. Poi purtroppo, come ben sapete, esistono delle persone insoddisfatte di se stesse, che non hanno il coraggio di osare, di mettersi in gioco, e che invece di accusare se stessi accusano il mondo intero delle loro insoddisfazioni e godono nel nuocere agli altri.
Quindi cosa facciamo????

Sistemiamo le nostre case, il nostro abbigliamento e tutto ciò che ci circonda nella maniera che più ci aggrada senza dare alcuna importanza alle vacue dicerie..
Perdonatemi se mi sono soffermata su quest'argomento che forse tecnicamente non sembra inerente, ma sappiamo quanto questo fenomeno possa "ingerire" in certi momenti della vita soprattutto quando certi parenti si mettono di mezzo.

Nelle prossime pagine ovviamente vedremo le mille diavolerie che ho osservato, imparato ed escogitato per risparmiare fatica nella pulizia e conduzione della casa. Rimane il fatto che alcuni lavori, aimè vanno comunque fatti.

Ma prima di procedere provate a fare questo

ESERCIZIO:

Provate ad immaginare o se preferite, potete svolgere l'esercizio proprio mentre state facendo dei lavoretti "standard" di casa, intendo quelli che sbrigate più o meno tutti i giorni. Analizzate nel dettaglio ogni movimento, l'organizzazione, i modi, eventuali strumenti ed i tempi che vi occorrono. Ogni casa è un mondo a sé, non posso essere lì a suggerire i piccoli dettagli, ma voi con un attimo di attenzione, senso critico e creatività potete fare in modo di recuperare energie e tempi preziosi. Chiedetevi:

-C'è un modo migliore o diverso per fare questo?
Se avete dei veri amici potreste prendere in considerazione anche dei piccoli scambi di lavori a secondo del piacere e della bravura di ciascuno per certi lavori. Amo dipingere mobili e oggetti allora ogni tanto decoro delle cose per loro e loro mi aiutano con il computer che amano tanto. Così ognuno fa di più ciò gli piace e gli riesce.

-Posso fare qualcosa altro in contemporanea?
E' importante risparmiare tempo perché anche questo ci dà un maggior senso di libertà e padronanza della nostra vita. Un minimo di organizzazione a tavolino aiuta molto, senza ovviamente cadere nella trappola della super efficienza. Esistono dei telefoni cordless con l'auricolare (non parlo dei cellulari di cui non bisognerebbe abusare) che permettono di parlare con le mani libere.
Per favore non fate come una mia vicina che fa spesso saltare la luce in casa perché mette su la lavatrice, inforna la cena e si asciuga i capelli!

-Esiste un aggeggio che mi allevi questa fatica?
Uno esiste di sicuro, non posso riportarne la marca e costa un po', ma diverse persone mi hanno garantito che pulisce meglio dell'abituale spazzata e della passata di straccio. E' un pulisci pavimento elettrico con sensori che permettono di lustrare ogni angolo di casa.

- E' il momento migliore per me di fare questa cosa?
Ascoltate il vostro ritmo naturale e lasciate perdere le consuetudini.
Se non è un lavoro particolarmente urgente o indispensabile, fatelo quando vi sentite più carichi e in alcuni casi, addirittura ispirati altrimenti sprecate molte energie oltre a frustrarvi inutilmente. Certo tutti i vostri familiari o coinquilini devono venirvi incontro, come voi a loro (e qui si

complicano un po' di più le cose). Un po' di sana libertà giova molto anche alla convivenza, basta stabilire poche regole essenziali e condividerle.

Certo se avete fatto la stessa cosa nello stesso modo da più di vent'anni avrete voglia di farmi una pernacchia, ma vi GARANTISCO che con un minimo di attenzione in più, qualche scambio di consigli tra amiche e conoscenti (a volte basta ascoltare le persone in coda nei negozi) troverete sicuramente più di un consiglio per svolgere le incombenze con meno fatica, o quantomeno nella maniera più consona alla vostra persona. Ne sono certa perché ho vissuto questa cosa su di me a partire da giovanissima. I miei genitori si erano sposati in tarda età e ciascuno di loro aveva imparato a svolgere i lavori a modo proprio. I problemi per me sono iniziati quando ho dovuto iniziare a contribuire ai lavori di casa. Ognuno dei due mi insegnava a fare le cose in maniere diverse e come se non bastasse (ovviamente non hanno mai discusso di questo tra di loro) si arrabbiavano se, uno dei due passando vedeva che svolgevo il lavoro come mi aveva insegnato l'altro. Sto parlando anche delle inezie come preparare il caffè. Sin da allora ho iniziato a vagliare le diverse opportunità e qualche volta, mollavo tutto per fare di testa mia. A loro non bastava vedere lo stesso risultato finale, esigevano a volte anche la "loro" impeccabilità d'esecuzione, ma grazie a Dio si sa che i giovani sono sempre tanto ribelli.
Vi può sembrare banale quest'esercizio, ma lo propongo perché ho visto persone stare in piedi per un'ora a scegliere le erbette perché non avevano mai fatto caso d'avere uno sgabello all'altezza giusta; altri cucinare una sola cosa alla volta perché così gli era stato insegnato; provare perennemente un gran mal di schiena perché ogni due giorni andavano a piedi al mercato in centro, caricandosi chili di frutta e verdura senza il carrellino perché si "vergognavano"; essere assillati da vicini spioni, quando bastava piantare una bellissima mimosa per godersi la vista dei fiori anziché le brutte facce di quegli impiccioni. Anch'io ho imparato da mio marito un modo più pratico di svuotare la lavastoviglie.

Riprovate quest'esercizio quando avrete finito di leggere, vedrete che qualcosa cambierà.

Torniamo a quel che va fatto.

A me personalmente, vengono in aiuto alcune considerazioni che condivido volentieri con chi come me, non si sente ancora tanto evoluta da trarre tutta questa soddisfazione personale nel pulire il water e crede che tutto è collegato in questo universo:

-) Molte persone osservano le fasi lunari prima di svolgere parecchi tipi di lavori. Non è soltanto una vecchia conoscenza contadina (dobbiamo concordare che è molto attendibile, basti considerare le travi di castagno che durano secoli perché tagliate di luna calante). Troverete dei libri molto simpatici colmi di notizie interessanti sull'argomento. Ai nostri fini possiamo tener presente (e scusatemi se semplifico in maniera così drastica perché in realtà bisognerebbe osservare addirittura in quale segno si trova la luna per azzeccare il momento ideale per un determinato lavoro, ma questo secondo me, diventa un'altra fonte di stress) quindi semplifico sicura di queste considerazioni condivise da molti:

Luna calante per eliminare: pulire e depurarsi

Luna crescente per iniziare nuovi progetti con maggior forza e per assorbire meglio (cure ricostituenti ed altro).

Sui libri troverete suggerimenti su ogni cosa, dal momento migliore per depilarsi affinché duri più a lungo, all'innaffiare le piante di casa oltre all'immancabile data per il taglio di capelli. E' comunque una lettura stimolante che ci riconduce verso un grande patrimonio che rischia di uscire totalmente dalle nostre vite avulse dal contatto con la natura.

-) Alcune forme di preghiera Zen. Possono essere applicate a praticamente qualsiasi cosa stiate facendo conferendo un grande valore al gesto.

State strusciando da almeno mezz'ora una pentola che rimane incrostata nonostante l'abbiate lasciata a mollo per due giorni e non potete usare la paglietta di ferro assieme alla polverina perché graffia troppo il fondo....che fare? Facciamo in modo che diventi un esercizio di meditazione personale dicendo: pulendo questa pentola contribuisco alla pulizia della mia mente e dell'intero universo ed aiuto entrambi a liberarsi della loro zavorra.

Basta un attimo di attenzione e qualsiasi gesto acquista uno spessore diverso. Gli esempi sono infiniti: occorre fare una telefonata faticosa? Che questo telefono diventi ora uno strumento di pace, di comunicazione costruttiva ed apporti splendide notizie.

Spazzare? Ogni momento libero la mia strada e quella altrui da ostacoli inutili. Cucinare? Nutro me stessa e l'universo con amore affinché tutto prosperi nella salute e nella gioia. (Il Dalai Lama stesso consiglia di cucinare per se stessi almeno due volte la settimana).

I Lampadari? Libero la luce che è in me ed in tutto ciò che mi circonda. Con questi pochi esempi sarete già diventati bravissimi nell'inventare i Vostri pensieri zen personali. Ma nel caso vi riuscisse complicato scrivetemi. Il mio sito è : www.cominciodame.it

Potremo scambiarci nuovi pensieri e sentire il nostro sostegno reciproco nell'affrontare la fatica, vista la caduta del paradiso terrestre e che dobbiamo ancora aspettare che la nuova tecnologia si conceda a noi a prezzi accettabili. Stanno progettando e realizzando tecnologie pazzesche come le vetrate autopulenti, ma oltre al costo di produzione devono anche fare i conti con i produttori di detersivi che si ritroverebbero in rovina.

Come sapete l'accumularsi di disordine e sporcizia rientra nel concetto di *entropia,* la teoria secondo la quale l'universo tende verso il caos. Ho finalmente trovato un ricercatore che sostiene la teoria opposta: l' EXOTROPIA . L'exotropia sostiene che possiamo generare ordine ed armonia fuori di noi ordinando la nostra infinita energia mentale.

Risultati? In tutta onestà devo dire di fare meno fatica e di ritrovarmi con più energie anche dopo le pulizie pasquali.

Sostenitori dell'exotropia???

-) Alcune mie adorabili amiche chiamano gli Angeli per farsi aiutare in tutto. Ovviamente l'Angelo più gettonato è l'Angelo del posteggio.

A voi la scelta, personalmente mi rivolgo a loro per altre questioni, ma il loro infinito amore verso di noi li rende benevoli verso qualsiasi nostra richiesta. In Sicilia ho imparato a picchiettarmi una natica per richiamare un posteggio libero. Qualsiasi gesto colorito o meno può aiutarci nelle incombenze quotidiane. Ho trovato inoltre, nelle mie talvolta folli ricerche, le tabelle con gli orari più adatti a far qualsiasi cosa, come pure le tabelle per fare le cose in base alle fasi dei propri meridiani energetici, ma sinceramente mi sembrano delle aberrazioni.

-) Mio vecchio trucchetto per incentivarmi alle pulizie straordinarie: organizzare una festa o una semplice cena a casa con degli amici, ho così l'impressione di godere doppiamente della casetta bella lustra.

Torniamo al nostro preziosissimo corpo.
-Altro argomento fondamentale è
-l'ALIMENTAZIONE
Senza un buon carburante è difficile sentirsi in forma.
Visto che questo libro invita a risparmiare fatica vi aspettereste indicazioni del tipo: microonde, surgelati, la rosticceria sotto casa.
Mi dispiace deludervi, ma in tutta onestà non posso.
Non posso perché, la fatica che il nostro organismo sopporta per digerire certa robaccia è di gran lunga maggiore rispetto a quel quarto d'ora in più che possiamo impegnare nella preparazione di cibi più sani. Oltre ovviamente al fatto importantissimo che prendersi cura di sé è un gesto d'amore che nutre a tanti livelli. Persino il Dalai Lama consiglia di cucinarsi il proprio cibo almeno un paio di volte alla settimana perché è anche un gesto di autoaccudimento. Non c'è bisogno che vi ricordi l'emozione che talvolta proviamo assaggiando un piatto che ci preparava la Mamma o la Nonna...vero? O il profumo particolare di quel frutto maturato al punto giusto che ci ricorda una lontana gita coi genitori?
Secondo Elsa Morante la frase d'amore più grande è: "Hai mangiato?"
Viviamoci la cucina come momento di creatività, di cura di noi stessi, dei nostri cari e dei nostri portafogli.
Esistono centinaia di libri di cucina veloce, c'è solo l'imbarazzo della scelta. Si può imparare molto sulla cucina veloce guardando anche alcuni programmi televisivi, ma vi prego di prestare attenzione ad alcune assurdità che propongono perché spesso i LORO intenti primari sono il gusto e la presentazione, non il nutrimento. Quelle goduriose ricettine con

tre etti di panna e soffritto di cipolla e pancetta richiedono un lavoro terribile al sistema digestivo oltre a fornire le calorie necessarie a un boscaiolo della steppa mongolica, non a un impiegato. Altra assurdità che si vede troppo spesso è la proposta di prodotti totalmente fuori stagione. La tanto declamata spremuta d'arancia a colazione va presa durante la stagione delle arance (da novembre ad aprile). Quanti conservanti deve avere un succo d'arancia per arrivare a settembre?

Cerchiamo inoltre di:

1) Uscire dallo schema: primo, secondo, contorno, formaggio
Digerire tanti alimenti diverse richiede l'attivazione di moltissimi fattori chimici ed enzimatici diversi. Se vi è possibile, meglio dividere i pasti facendone uno a base di carboidrati e verdure, (la frutta sapete già che va meglio come spuntino o a colazione), l'altro a base di proteine e sempre verdure. Nelle estati torride ad esempio non c'è niente di meglio di una bella scorpacciata di frutta a pranzo, si soffre molto meno.
Certo per chi è abituato a mangiare le lasagne al forno sotto l'ombrellone e si sente bene così posso dire: fortunato te! Oppure prova una volta con la frutta e vedi se noti qualche differenza.

2) Prendere coscienza che il cibo oltre ad essere indispensabile e spesso un grande piacere, è anche medicina per il nostro corpo.
Visto il livello d'inquinamento generale, i metodi "selvaggi" di coltivazione, i lunghissimi trasporti ed i tempi tra la raccolta e la consumazione buona parte del valore nutritivo va perduto. Possiamo rimediare in parte con dei piccoli accorgimenti. Prima cosa non riscaldare più volte un cibo già cotto. Sì' lo so, significa cucinare più spesso, ma almeno possiamo sperare d'aver ingerito qualcosa di ancora "vivo".
Devo confessare di avere un metodo tutto mio di "indovinare" il prodotto della terra di cui il mio corpo ha bisogno: annuso. Alcune persone accanto a me mi hanno chiesto di annusare anche per loro. Se quando annusate oltre a sentire un odore, un profumo che recepite gradevole avvertite anche una certa salivazione in bocca o un languroino allo stomaco è il vostro corpo che urla: *Io voglio!*

3) Prestare attenzione ai condimenti partendo dal sale. Se ci sobbarchiamo la piccola differenza di spesa comprando il sale rosa dell' Himalaya siamo certi di assicurarci un miglior apporto di Sali minerali preziosi per il nostro organismo. Esiste anche la cura del sale Himalaiano, ma è un po' sgradevole e noioso e diventa inutile nel momento in cui lo adoperiamo quotidianamente. Per ottimizzare ancor più la cosa si può adoperare il sale Himalaiano assieme ad una miscela di spezie. Le spezie altro non sono che la fonte primaria di molte medicine ancora oggi. Un giusto mix di spezie, in minima quantità tutti i giorni ci aiuta più di quanto possiamo immaginare. (Ovviamente occorre fare attenzione alle forme allergiche o di intolleranza!)

Purtroppo dobbiamo ammettere che anche questo potrebbe non bastare per tanti motivi che non elenco per evitare di avvilirvi. La soluzione potrebbe consistere nel prendere una volta all'anno dei multivitaminici (sempre dopo aver chiesto un parere al vostro medico di famiglia) e sentirete l'energia tornare nelle vene.

L'unica fatica che veramente non possiamo permetterci di risparmiare è quella di cercare di variare l'alimentazione (e anche le marche, perché ogni produttore usa ingredienti leggermente diversi). E' importante non solo da un punto di vista fisico, ma soprattutto psicologico. Se il nostro cervello riceve nuovi stimoli gustativi (visivi, olfattivi, uditivi, esperienziali) crea nuove sinapsi mentali.
Le nuove sinapsi mentali ci aiutano ad elaborare meglio i dati che abbiamo già acquisito, rendendoci più flessibili, più pronti a trovare nuove soluzioni e più possibilisti verso la vita !!!

L'ultimo condimento, sebbene sia il più importante in assoluto, è ovviamente mangiare nella maniera più serena possibile con gratitudine.

- L' IGIENE PERSONALE

Qualcuno esclamerà: COME OSA!!!

E' una cosa che dobbiamo fare tutti i giorni???
Tanto vale sfruttare la situazione per trarne qualche vantaggio in più.

Anche qui dobbiamo prestare attenzione ai prodotti che usiamo. Ad esempio, a meno che non abbiate una pelle disastrata, se usate un buon detergente per il corpo non c'è bisogno di spalmarsi creme su creme per poi sembrare come delle fettine impanate per idratare la pelle. Le creme tra l'altro sporcano molto di più i vestiti, soprattutto nel caso di traspirazione. OVVIAMENTE se è un vostro personale piacere farlo, come momento da dedicare a se stessi allora è sacrosanto continuare questo bellissimo rito. Ma se, anche voi sentite che è un'ulteriore incombenza quotidiana (e magari come me non sopportate di sentire addosso la patina che quasi tutte le creme creano) basta trovare il detergente giusto per il proprio tipo di pelle, la frequenza di lavaggio giusta (già sapete che non è consigliabile fare la doccia più di una volta al giorno, anzi meglio farla ogni due, stagioni permettendo).

Permettetemi di entrare ancor più in confidenza parlando dell'igiene intima. Esiste un metodo di lavare le parti intime che si chiama: *Bagno Derivativo*. Per ovvi motivi di diritto d'autore non posso riportare il metodo, ma posso accennare il consiglio di lavarvi con acqua fresca. E' un ottimo metodo di prevenzione di molte affezioni, molto utile quando i bambini hanno la febbre e aiuta a far scendere la pancia perché richiama le tossine dalle zone periferiche aiutandone l'espulsione. Il libro è facilmente reperibile e troverete anche parecchio sull'argomento in internet. In Cina il medico veniva pagato quando i pazienti stavano bene e doveva curare gratis gli ammalati perché il fatto che si fossero ammalati stava a significare che non aveva prestato abbastanza attenzione ai suoi pazienti. Sarebbe meraviglioso ...vero? Il bagno derivativo è un ottimo metodo di prevenzione e vale la pena impiegare due minuti in più per compiere un gesto che aiuta il nostro corpo.

Regalarsi un bel bagno caldo con un rimedio personalizzato preparato da un erborista o farmacista di fiducia diventa un momento di raccoglimento, di rilassamento e di rigenerazione importante. Avrete senz'altro sentito parlare dell'idroterapia e di tutti i benefici che apporta. Non occorre andare in una Spa per coccolarsi e prendersi cura di sé.

Anche qui un esempio di preghiera zen: purifico il mio corpo, le mie emozioni, i miei pensieri e fluisco come l'acqua nella vita aprendomi a nuove prospettive e possibilità.

FARE ATTENZIONE A COME CI MUOVIAMO

Vedo delle persone che pensando di far prima s'incurvano per tirar su dei pesi notevoli invece di piegare le gambe per evitare lo sforzo.

Il gesto migliore viene persino mostrato in una pubblicità di un antidolorifico. Quel che mi sconcerta maggiormente è vedere delle persone muoversi come dei forsennati, abusando inutilmente e dannosamente di se stessi solo per svolgere delle incombenze minime.

Parte di questo inutile dispendio è inconsciamente collegato alla dannazione ancestrale radicata in ogni cellula difficile da estirpare: eh...ricordati che la vita è fatica. Basta!!!!

Era fatica quando non c'era di che mangiare e non riuscivamo a curarci. Oggi abbiamo infiniti aiuti per svolgere le incombenze quotidiane. Avete mai lavato le lenzuola nel fiume d'inverno? Quella è dannata fatica.

Nel paesino di mio padre vivevano le "donne dal quintale", voleva dire che erano donne in grado di caricarsi UN QUINTALE sulla testa e salire sui sentierini scoscesi percorrendo anche dieci, dodici chilometri, fermandosi solo una volta o due presso le pietre di posa (pietre alte circa un metro posizionate in modo da rendere più facile rimettersi un quintale in testa). Sbaglio o è da un bel po' di tempo che non vediamo più queste scene in occidente? Siamo chiamati ad altre fatiche, ma abbiamo dalla nostra l'intelletto, l'ingegno e la solidarietà per avere la meglio. Liberiamoci completamente e definitivamente di questa arcaica convinzione che riesce ancora a provocare addirittura dei sensi colpa e molti più di quel che consciamente pensiamo.

Un altro motivo di tutto questo dispendio è il bisogno di sfogarsi.

Quanti riconoscono il terribile rumore di piatti e pentole sbattuti in malo modo? Benissimo, tutti abbiamo bisogno di sfogare la rabbia e di incanalare l'aggressività (sacrosanta perché utile alla sopravvivenza) basta distinguere le cose. Quando si è arrabbiati è sufficiente fermarsi un attimo, focalizzare il motivo della rabbia e sfogarla nel modo che più ci aggrada:
-urlaaaaaaaaaaaaaaannnndddoooo
-scrivendo, anche parolacce
-spaccando quel terribile sopramobile che ci stava sullo stomaco da tempo
-andando in campagna a spaccare la legna o a zappare
-prendendo a pugni un cuscino
-piangendo
Liberati dalla rabbia e dal dolore cerchiamo di chiarire con un'eventuale persona coinvolta o di rimediare se è possibile. Anche il corpo ringrazierà, si sentirà più sciolto e leggero.
L'artrosi, l'ernia al disco e acciacchi vari non si manifestano all'improvviso a causa dell'età, ma è un accumularsi negli anni di infiniti microtraumi aggravati da una serie di fattori come le condizioni climatiche (umido, freddo), psicologici ed altro.
Gli accorgimenti in questo senso sono ben noti come: equilibrare il peso da portare suddividendolo in maniera equa, flettere le gambe senza incurvarsi, cercare di evitare movimenti molto bruschi soprattutto sotto sforzo.
Pare che oggi sia obbligatorio andare in palestra. Quel che mi lascia perplessa è il fatto che queste persone poi prendono sempre l'ascensore, si muovono sempre in macchina, non amano passeggiare nel verde e insomma delegano tutto il movimento alle ore di palestra. Siccome nel sottotitolo di questo libro mi sono impegnata ad indicare anche come risparmiare soldi e diversi medici concordano con questa filosofia di vita, mi permetto di dire: muoviamoci in maniera più consona a noi.
Per carità, chi prova gioia ad andare in palestra continui e che la sua gioia aumenti sempre più, ma se noi facessimo le scale a piedi (ovviamente non carichi delle borse della spesa), camminassimo a passo normale il più possibile e magari, per socializzare andassimo ad una scuola di danza, che solleva l'umore grazie alla musica, attingeremmo in questo modo a delle

forze ancestrali. I nostri antenati danzavano attorno al fuoco per celebrare, per scongiurare, per corteggiare e per invocare.

Un mio amico cardiologo aborrisce quando vede gli uomini fare footing il sabato e la domenica perché ne deve sempre curare qualcuno per collasso o peggio.

Probabilmente la pressione mediatica sul fisico perfetto influisce molto, ma influisce molto di più la scarsa accettazione di se stessi su cui parecchi operatori di "bellezza" marciano. Certo è importante curarsi, valorizzarsi e tenersi, ma se questo ci toglie il sorriso, diventa una rincorsa senza senso che ci preclude la serenità.

Ciò che ci fa bene ci rende sereni e la serenità d'animo abbellisce tutti.

Ovviamente alcune persone hanno bisogno della ginnastica correttiva o altro, ma se non è il vostro caso perché non "provarsi" con un'arte marziale che se è insegnato come si deve, infonde anche fiducia in se stessi ?

Consigli zia Maria:

-Quando fate la spesa "grossa" dividete i sacchetti in modo da poterne lasciare uno o più nel bagagliaio che potrete portare su a casa in un secondo momento. Basta mettere da parte le cose che non soffrono né il caldo né il freddo come i detersivi, gli scottex e quant'altro.

-Consiglio vivamente di cercare di avere dei rapporti quantomeno cordiali di vicinato (per chi vive nei condomini) questo oltre a farvi vivere più serenamente vi consentirà ad esempio di accostarvi al portone con la macchina, scaricare la spesa lasciandola lì sicuri che nessuno la ruberà e cercare un posteggio. Qualche volta un tesoro di vicino mi ha persino lasciato le borse davanti alla mia porta.

-Se avete la fortuna di usufruire di un orario di lavoro flessibile, cercate di fare la spesa in un giorno infrasettimanale all'ora di pranzo, impiegherete un terzo del tempo ed un decimo dello stress.

- Ho visto e vedo, molte, troppe donne muoversi in maniera esagitata a causa della mancanza di tempo o delle troppe e continue sollecitazioni da parte dei loro familiari. Frasi come: "Oh Dio arriva e non è ancora pronto da mangiare!", "Mia figlia parte e non ho ancora stirato la sua roba".

Beh ora devo proprio fare un inciso. So benissimo che alcuni in famiglia tendono a lavarsi le mani da qualsiasi incombenza casalinga e non , ma *per favore non cascateci !!!*

Il giochino universale è: se la faccio aspettare tanto ci penserà lei e non romperà più (questo ovviamente a livelli più o meno inconsci), l'altra ipotesi è che purtroppo molte persone NON PENSANO proprio a certe cose. Le loro mamme non hanno insegnato loro certe mansioni, loro non notano le cose per terra, qualche volta le calpestano persino, oppure pensano di essere i principi sul pisello per sovrano diritto di nascita e quindi non devono abbassarsi a nessuna umile mansione. (Ho conosciuto personalmente qualche caso e la situazione si è surriscaldata.)

Per qualsiasi motivo accada che uno dei vostri famigliari o coinquilini si comporti in questo modo *non sobbarcatevi tutto per fare prima o per non litigare!*

Non è nemmeno necessario litigare, ho visto che occorre spiegare loro che questo atteggiamento ci umilia, ci fa sentire la donna delle pulizie e che chiediamo quale gesto di solidarietà, lo svolgimento abituale di almeno un paio di mansioni per sancire la collaborazione. Spiegate inoltre quanto alcuni insospettabili atteggiamenti gravino sul carico di lavoro. Lavarsi non significa dover inondare il bagno, la pattumiera (preferisco chiamarla *poubelle* alla francese) non è antropofaga, non ha mai mangiato nessuno perché la riempivano d'immondizia, la forza di gravità può essere contrastata, non esiste alcun pericolo nel tirare su una cosa caduta a terra, le nostre mani non si sciolgono se laviamo un piatto; queste e mille altre cose vanno spiegate a volte giocando a volte corrucciando la fronte. Non occorre ovviamente che dica quanto questo processo collaborativo in famiglia sia formativo per i bambini e per gli adolescenti.

STIRARE

Ho conosciuto grandi sostenitori dello stiraggio che amano contemplare i loro capi perfettamente stirati (il segno della vergine ad esempio ama l'ordine e talvolta la perfezione) ed altri che mi hanno spiegato dei metodi che riferirò comunque per dovere, ma un po' selvaggi persino per me che detesto stirare. Lo detesto soprattutto a causa del mal di schiena che mi provoca. Il mio fisioterapista mi ha consigliato di mettere un piccolo panchetto prima sotto un piede e poi sotto l'altro per scaricare alternativamente il peso del corpo. Un altro motivo che mi rendeva stirare così gravoso era il risultato, dovevo passare e ripassare il ferro sullo

stesso punto per appiattire perfettamente certe pieghe finché non ho trovato un meraviglioso......... "sottoasse" da stiro fatto di un materiale isolante imbottito con diversi strati tipo alluminio sotto e sopra che trattengono bene il calore realizzando un effetto pressa conservando la possibilità di precisione. Sapete qual'è la splendida notizia?
Costa solo pochi euro, si infila sotto il copri asse e la fatica diminuisce.
Ma questo riguarda soltanto quel poco che mi rimane da stirare perché il resto, il più devo dire, lo stiro come faceva mia nonna.
La nonna ritirava le lenzuola asciutte, le piegava con cura, le metteva sulla sua sedia preferita, ci si sedeva sopra, recitava un paio di rosari e le lenzuola erano perfette!!!
Questo metodo può essere esteso a: magliette (non quelle a manica lunga, vengono male, ma a mezze maniche vengono perfette), asciugamani, strofinacci, tovaglie, tovaglioli, pantaloncini (per fare bene i pantaloni occorrono diverse manovre), fazzoletti ed altro a secondo dei casi.
Quando ho molta roba faccio "stirare" anche gli altri in casa.

Pensate: piegate vi sedete a mangiare, a leggere o a guardarvi un film e quando vi alzate non avete che da riporre la biancheria stirata!
E' particolarmente indicato per i capi bianchi. Se stirate col ferro le cose bianche e le riponete per qualche tempo si macchiano inevitabilmente.
Con questo metodo *eliminate* molto lavoro.
Certo le scelte individuali sull'abbigliamento influenzano molto il carico di lavoro, ma qui ognuno ovviamente segue i propri desideri.

NB: Stendere bene i panni, scuotendoli e tirando qualche cucitura ribelle quando il capo è bagnato e ripiegarli accuratamente quando si ritirano lenisce molto il lavoro di stiratura. Appendete le camicie, casacche direttamente su una gruccia, il peso stesso della stoffa bagnata vi darà un risultato quasi perfetto (ovviamente non per il lino, ma per le altre stoffe... mi ringrazierete).

Ho conosciuto una ragazza che detesta oltremodo stirare, la quale mi ha spiegato un suo metodo molto particolare che "usa" solo d'estate per ovvi motivi. Ritira una camicetta appena asciugata dallo stendino (per i capi piccoli lo stendino è meglio e permette di non usare le mollette che lasciano i segni), la camicetta di cotone, o di lino, la indossa subito mentre con lo spruzzino spruzza laddove ci sono troppe pieghe, passa velocemente la mano sulla zona ed esce tranquilla di casa sapendo che il calore del suo corpo modellerà il resto. Vi piace l'idea?

In verità esiste un metodo similare in tintoria. E' una macchina sagomata come una persona, si infila il capo da stirare (solitamente viene usato per i cappotti o gli impermeabili) ed azionando la macchina esce sia vapore che aria compressa che stirano mirabilmente il capo.

Mi farebbe molto piacere sapere che molti di voi si godono di più la vita, seduti (ovviamente con i nostri abiti da casa, non con i vestiti che hanno raccolto germi in giro) sulle lenzuola, leggendo un bel libro risparmiando al contempo soldi, energia elettrica ed energia personale.

I PIATTI

Ho letto qualche anno fa di una ricerca di una psicologa americana sul numero di modi di lavare i piatti .....*OLTRE 200 !!!*

Il motivo della ricerca era per spiegare che la stessa cosa può essere fatta in infiniti modi diversi.

POSSIAMO FARE QUALSIASI, RIPETO QUALSIASI, COSA IN CENTINAIA O MIGLIAIA DI MODI E TEMPI DIVERSI !

E' un concetto fondamentale da tenere presente sempre ! Pensate un attimo a quanto siamo influenzati dai modi in cui ci hanno insegnato a fare le cose. E pensate a quante fesserie ci hanno messo in testa !

Lasciate stare le vecchie dicerie, che tra l'altro sono infinite sul come si giudica l'efficienza di una brava massaia (purtroppo anche se credete d'averlo fatto qualche strascico, magari in un momento di fragilità può riaffacciarsi). Quante ne ho sentite. Si vede se la padrona di casa è pulita da come tiene il lavandino, da come pulisce le scarpe, dal come accomoda le coperte sotto le federe, dal tipo di calze che indossa, da quanto è pulita la scopa che non dev'essere mai lasciata sull'uscio, da quanto tempo lascia steso il bucato (con relativo sondaggio dei vicini) e chi più ne ha più ne metta! L'unico detto veramente divertente ch'abbia mai sentito è

quello sulla forma del tortello (dovete immaginarvelo in dialetto romagnolo): "Il vero tortello deve stare nell'ombelico di una donna."
Tutto questo è un'enorme zavorra di cui dobbiamo liberarci completamente ed immediatamente soprattutto perché ci impediscono di trovare nuovi modi, procedure, tecniche più adatte a ciascuno di noi.
Anche la storia degli orari va abolita. Quante persone hanno commentato il mio piacere di lavarmi a mezzogiorno (quando sono a casa ovviamente), non è l'ora adatta, "ti sembra il caso" e così via con stupidaggini simili.

Facciamo come e quando possiamo e nel modo migliore per ciascuno di noi.
La somma non cambia cambiando l'ordine degli addendi...ricordate?
Lasciate cadere i discorsi (che capitano più frequentemente di quanto pensiamo anche tra persone che lavorano fuori casa) tipo telequiz.
Quante volte scopi sotto al letto durante la settimana? Oppure vai a letto senza aver lavato i piatti? *Ma se succede qualcosa?* Nessun soccorritore vi abbandonerà solo perché vede qualche piatto sul lavandino.
Ho conosciuto una ragazza giovane, dinamica e in carriera che raccontava d'essere cresciuta in collegio dove le suore imponevano il copriletto a righe e di quanto fosse difficile far venire dritte quelle righe sul letto rifacendolo la mattina; ebbene affermava con fierezza che anche ora, che vive per conto suo, continua ad avere il copriletto a righe ed ogni mattina vince la sfida.
Certo, alcuni gesti visti o svolti nella nostra infanzia possono essere rassicuranti a livello emotivo e sentiamo quindi il bisogno di ripeterli, ma se così non è.............. o se costa troppa fatica.........

Quante volte ho lavato i piatti del pasto precedente mentre cucinavo, soprattutto quando devi rimanere in cucina perché i diversi ingredienti hanno tempi di cottura diversi; perché fare avanti e dietro aspettando la cottura?
Per quanto concerne i detersivi ed i metodi per ogni tipo di stoviglia (le porcellane antiche, le macchie di thè) troverete in rete un bellissimo sito dedicato alle casalinghe. Hanno una precisione scientifica,
per ogni tipo di stoviglia troverete informazioni esaustive. Esiste anche il quiz per ottenere l'attestato di casalinga ideale. Tranquilli, persino io ho superato il test e per giocare un po', l'ho appeso in bella mostra in cucina.

L'unico suggerimento che posso aggiungere riguarda le pentole incrostate: date un paio di pulite, aggiungete acqua fino a coprire bene la zona sporca, fate bollire per diversi minuti, svuotate subito e versate acqua fredda mentre strofinate. La reazione termica facilita molto il lavoro.

Ovviamente questo procedimento va fatto dopo aver lasciato la pentola a mollo per almeno una notte.

Mio padre era chef e mi raccontò che un paio di volte l'anno per pulire bene anche la parte esterna delle pentole le infornavano a temperature altissime e venivano fuori lucidissime. Noi a casa ovviamente non possiamo fare altrettanto, ma ricordiamoci quanto la fisica e la chimica possono venire in nostro aiuto.

Diverse persone in casa per ore? Berranno tutti un po' d'acqua: ognuno col suo bicchiere personale così non si laveranno inutilmente tanti bicchieri e non ci sarà bisogno di ricorrere ai bicchieri di plastica in questo modo aiutiamo anche il pianeta.

I VETRI

Non so voi, ma arrampicarmi sulla scala, d'inverno con le ante spalancate e nonostante l'ultimo nuovo super detersivo dover strofinare due o tre volte mi affatica al solo pensiero.

Trucchetti: aprire SEMPRE la finestra della cucina ogni volta che si cucina e dopo ogni doccia calda, così il vapore acqueo uscirà dell'ambiente senza depositarsi ovunque, creando quella terribile patina che ritroviamo dappertutto grazie all'inquinamento purtroppo in costante aumento.

Correre a chiudere persiane o tapparelle non solo durante i temporali, ma anche quando il vento sembra ingannevolmente lieve.. le vostre finestre non la pensano mai così.

Durante la bella stagione ricorrere alle tende da sole, non solo aiuta a non far schizzare su la temperatura in casa, ma proteggono anche un po' dalla sporcizia. So bene quanto siano costose, ma chiunque abbia una macchina da cucire e riesca a fare due orli può farsele da sé con risultati più che discreti.

Per quanto riguarda le piante sui balconi o le terrazze, sono talmente belle e positive a vedersi e aiutano anch'esse, nel loro piccolo, l'ambiente che non posso che dire sì all'ulteriore impegno, ma, esiste un ma, alquanto importante, la scelta delle piante fa la differenza.

Ora vedo molte ringhiere dei balconi in città, nelle vie più trafficate, quindi più soggette alla polvere e alle altre robacce, ricoperte di finta edera o simile, che viene venduta proprio a metri. In alcune zone, dove il sole non illumina quasi mai o dove vi è forte vento, questa può essere la soluzione migliore anche se oscura un po' le stanze.

Per chi ha almeno un balcone o terrazzo in una posizione più felice, può ricorrere alla vite americana che ombreggia d'estate, regala colori meravigliosi d'autunno e d'inverno perde le sue foglie lasciando entrare pienamente la luce. La scelta delle piante non dipende solamente dalla fascia climatica sulla quale vivete. Dipende anzitutto dal tempo e dalla predisposizione che avete e dal microclima che varia da balcone a balcone anche della stessa casa. Certo i fiori sono bellissimi, ma in questi ultimi anni sono sempre più difficili da coltivare e parlo anche del famosissimo geranio. Personalmente sono stanca di ricomprarli ogni anno ed ho optato per le seguenti robustissime piante:

il Nespolo: è talmente resistente e non costa nulla. Basta piantare i semi dei frutti che comprate in primavera e nel giro di poco lo vedrete crescere fin dove il vaso che gli avete concesso glielo permette. Il nespolo resiste benissimo in tutta le fasce costiere fino a quasi 600 m di altitudine, a condizione che non vi siano gelate prolungate.

Acero giapponese: splendido con le sue foglie rosse in autunno e robusto.

L'albero di Natale, travasato e messo un po' in ombra d'estate con un occhio più attento al livello dell'acqua. Risparmio e rispetto dell'ambiente.

Un bel davanzale con le essenze aromatiche, le vostre pietanze avranno un altro sapore ed il loro profumo può equivalere ad una seduta di aromaterapia. Le più resistenti: rosmarino, prezzemolo, menta.

Alternatele con altre piantine per allontanare insetti sgraditi. Il geranio odoroso ed un agrifoglio che secondo la tradizione allontana gli spiriti malvagi. Per chi avesse la fortuna di avere un giardino consiglio vivamente di studiare il metodo: Fukuoka di coltivazione. Viene chiamato anche il metodo del: *non fare niente*. Questo grande agronomo giapponese ha visto quanto è indispensabile alternare e variare il più possibile le piante nello stesso appezzamento affinché ognuna arricchisca a modo proprio l'insieme. Se funzionasse anche per gli umani............Vi ricordate i vecchi contadini che piantavano le rose vicino al vigneto? E' uno dei modi migliori per proteggere i vitigni dai parassiti.

Alcune piante grasse a seconda delle zone e delle esposizioni possono davvero resistere a molte intemperie. Per scongiurare le gelate ricoprite la terra con dei sassi, il calore che assorbono durante il giorno permette alla pianta di non gelare durante la notte.

Troverete in internet l'elenco delle piante pubblicato da diversi enti di ricerca, in grado di assorbire alcuni agenti nocivi presenti nelle case. Alcune sono di facilissima reperibilità come l'ederina, oltre a rallegrare ed animare la casa la purificano anche.

La più lodevole, quasi miracolosa è la rosa di Jerico. Sembra morta, secca, basta mezzo bicchiere d'acqua per vederla aprirsi e diventare un affascinante centrotavola. Non abbisogna di terra e può rimanere senz'acqua anche per un anno. Quando volete che si apra datele un pochino d'acqua e nel giro di mezz'ora...

I MATERIALI CHE RICHIEDONO MENO LAVORO E CURE SONO:
(tenete presente questa lista nella ristrutturazione della vostra casa)

1) <u>Pavimenti</u>: il pavimento che comporta meno fatica e che addirittura nasconde meglio qualche piccola macchiolina è: IL GRANITO VENEZIANO. Una volta lucidata a piombo il granito veneziano si sporca molto meno velocemente di quelle terribili piastrelle che sembrano proprio voler trattenere ogni traccia.

REGOLA GENERALE: Più una superficie è liscia e compatta meno sporco trattiene e più è facile pulirla.

Il secondo classificato per i pavimenti è: il marmo.
Attenzione ai marmi chiari, siccome è comunque un materiale poroso qualsiasi macchia d'olio se non viene subito eliminata tende a rimanere.

Tutti gli altri tipi di pavimenti comportano più lavoro o perché sono "delicati" (come il parquet che tra l'altro permette anche la formazione di insetti) o perché sono ruvidi (come il cotto). Non parliamo poi delle piastrelle del bagno che per sembrare decenti vanno lavate ogni giorno.
A chi ama la moquette e dice che basta passare l'aspirapolvere ogni giorno, posso solo ricordare che non potrà mai essere pulito quanto un pavimento lavato con un disinfettante.
Si può ottenere un buon effetto "calore" anche con dei tappeti maneggevoli da spostare ed arieggiare.

2) <u>PARETI:</u> in cima alla classifica indico pareti lisce chiare con delle leggere sfumature del colore che preferite (tipo laccato veneziano).
Le pareti con sfumature oltre ad ammorbidire l'ambiente richiedono meno imbiancature.
In cucina ed in bagno ovviamente occorrono le mattonelle.
Negli ambienti rustici come le taverne vanno bene anche i listelli di legno fino a metà parete, sono anch'essi abbastanza agevoli da pulire a condizione che non vi sia umidità nell'ambiente.
Ho visto in Inghilterra i bagni rivestiti di legno con la moquette a terra: un vero disastro sia igienico che estetico. Si riempiono subito di macchie, trattengono l'umidità e di conseguenza tendono a scollarsi in fretta.

3) <u>SANITARI:</u> risparmiate su altro, ma non sulla qualità dei sanitari.
Un lavabo di qualità mediocre richiede dopo poco tempo detersivi sempre più aggressivi e non ritorna "candido".
I modelli di WC e bidet sospesi facilitano veramente le pulizie.
Per quanto concerne il lavabo il tipo più "zia Maria" è secondo me:

di ottima qualità, con il solo miscelatore (così non bisogna impazzire con la spugnetta per passare tra le manopole) incastonato in un ripiano più alto ed assolutamente liscio rispetto alla parte concava così non ristagna l'acqua. Il massimo è incastonare questo lavabo in un ripiano di marmo dove poter appoggiare agevolmente gli oggetti da toilette senza sgocciolare lungo le pareti (vedi i bicchieri appesi alla parete o i mobiletti che fanno anche da specchio). Se poi il ripiano di marmo fa parte di un bel mobile con diversi cassetti dove poter sistemare agevolmente pettini, spazzole, mollette e quant'altro senza lasciar tante cose intime a vista siamo di fronte ad una sistemazione ottimale.

Molte persone desiderano soltanto il piatto doccia con cabina perché non amano fare il bagno oppure non hanno lo spazio per la vasca. La cabina doccia comporta un bel po' di fatica a causa del calcare e per la forma stessa della cabina. La soluzione meno faticosa è di installare una vasca, o una mezza vasca se si ha poco spazio, che è sempre comoda per lavare oggetti ingombranti, con il getto assolutamente mobile per farsi la doccia (il telefono) e per parare gli schizzi è assolutamente sufficiente una mezza anta basculante sopra la vasca. E' facilissimo da pulire e può essere posizionata a proprio piacimento (quante volte mi sono sentita costretta in una cabina doccia).

Per quanto concerne il lavandino di cucina, pare che il non plus ultra sia il lavandino di ardesia opportunamente trattato. Chi lo ha mi dice che sia davvero il massimo. Basta insaponarlo col normale sapone per i piatti ed è perfetto.E' un pochino costoso e il suo colore, un nero così intenso può essere qualche volta difficile da integrare.
Collocherei il lavandino di marmo in seconda posizione nella classifica.
A seguire quello di acciaio che però dopo qualche tempo inizia a richiedere detergenti sempre più aggressivi.

4) <u>LA CUCINA</u>: vero campo di battaglia, merita la massima attenzione perché è la stanza che si sporca di più in assoluto.
Se avete spazio sufficiente lasciatelo come luogo a se stante con la possibilità di chiudere la porta durante determinate cotture (fritture etc.). L'angolo cottura risolve alcuni problemi di spazio nei piccoli

appartamenti ed è sinceramente da preferirsi perché l'alternativa sarebbe uno spazio troppo angusto; l'importante in questo caso è cercare di posizionarlo il più vicino possibile ad una finestra per far uscire i fumi di cottura.

Il vapore acqueo e tutto ciò che cuciniamo sprigiona con il calore una serie di sostanze volatili che vanno a formare quella terribile patina untuosetta che si annida ovunque.

Soluzione? Purtroppo è parziale, ma mitiga molto: tenere sempre aperta la finestra più vicina ai fornelli mentre si cucina. Aiuta moltissimo.

I mobili di cucina vengono anche "macchiati" dal calore, per questo motivo è meglio non scegliere un bianco candido per i pensili, soprattutto quelli intorno ai fornelli. Oggi si trovano dei mobili di cucina dai bellissimi colori chiari sia tenui che accesi, dal rosa cipria al verde pistacchio. Per i ripiani della cucina vanno benissimo i nuovi materiali, lasciate stare il pregiato marmo che si macchia troppo facilmente e soprattutto evitate i ripiani piastrellati, sono un disastro.

Qualsiasi tavolo da cucina anche il più robusto non riesce a sopportare l'usura di chi cucina spesso; meglio utilizzare la classica tela cerata (alcune oggi sembrano delle opere d'arte) che può andare direttamente in lavatrice. Intonatela con i cuscini per le sedie soprattutto se avete scelto delle sedie con impagliatura che sono difficili da pulire. Anche i cuscini vanno tranquillamente in lavatrice e sarà meno faticoso pulire le sedie.

Per quanto concerne il tappetino sotto il lavandino onestamente l'ho abolito. Trovo più semplice dare una veloce passata di scopa e di straccio che non sbattere il tappeto (sul mio terrazzo e non fuori dal mio terrazzo per non essere incivile) caricare una lavatrice solo per il tappeto perché è comunque più sporco di qualsiasi altra cosa si lavi (normalmente) e rischiare di intasare il filtro della lavatrice. Mi ci inciampavo spesso e nonostante avessi provato molti tipi diversi di tappetini (compresi quelli con i listelli di legno) mi trovavo a dover combattere con le macchie che inevitabilmente si formano e non vogliono andarsene al contrario della magica passata di straccio sul pavimento che porta via tutto con sé.

Che ogni oggetto in cucina sia facilmente lavabile. Attenzione al lampadario, molto meglio se smontabile, si lava meglio altrimenti occorre rimanere appesi al lampadario con straccio e detersivo ed il risultato è raramente buono.

Le tende ricamate della nonna stanno benissimo anche in salotto o in camera da letto dove richiedono meno lavaggi e soprattutto meno STIRATURE!

Per chi amasse lo stile country (mi annovero) in cucina con quei deliziosi mazzetti di erbe appesi, i tanti cestini, i paioli di rame e le bellissime teiere in mostra posso solo dire: se vi dà così tanto piacere un ambiente così caldo ed accogliente fate "spallucce" di fronte alla polvere e godetevi l'atmosfera aiuta ad *armonizzarsi*.

Non me ne vogliano gli ecologisti, ma una volta o due l'anno invece di ammattire con lo sgrassatore o con il prodotto per i vetri per pulire a fondo i tanti oggettini che ho per casa, infilo tutto il lavabile in lavastoviglie avviando un ciclo di lavaggio delicato e tiro fuori degli oggetti brillanti come non avrei mai potuto ottenere altrimenti.

5) <u>FINESTRE E PORTE</u>: Finestre? Le più facili da pulire e da mantenere sono ovviamente quelle in alluminio o pvc.

Per quanto concerne le porte interne vale la stessa regola di sempre: le più lisce ed essenziali possibili. Se volete lasciar passare più luce in alcuni ambienti invece di ricorrere alle porte con il vetro lavorato o intarsiato dove si annida la polvere, potete optare per dei bellissimi vetri lisci dai disegni colorati che consentono la stessa privacy una volta chiuse (costano un po' di più, ma l'effetto è meraviglioso). Per i più creativi esiste anche la soluzione fai da te con i colori per vetro ed ALMENO un paio di strati di vernice protettiva per prolungarne la durata. Esiste un però in questo caso, se avete dei bambini piccoli in casa questa soluzione va scartata perché le vernici per il vetro sono comunque abbastanza delicate e se sollecitate possono saltare.

Per i mobili ovviamente vale la stessa regola: più il loro materiale di costruzione è liscio e compatto, meno lavoro richiederà la sua pulizia.

I divani in eco pelle richiedono solo una passata di straccio inumidito di acqua e saponaria e la polvere sparisce. D'estate basterà appoggiare un telo di cotone per avere una seduta più fresca.

Altra soluzione sulla quale non conviene mai risparmiare è la possibilità di un ripostiglio o di un armadio in più. Sapete bene quante cose possiamo "nascondervi" dentro.

Mai avere fretta nell'arredare una casa. Una casa è un essere vivente anch'essa e cambia assieme a noi. Se dovete arredarla tutta ex novo pensate solo al letto, la cucina, un tavolo con delle sedie e un armadio. Il resto, dopo con calma, pezzo a pezzo. Non servono tanti soldi per avere una bella casa. Ciascuno di noi può essere in grado di dipingere un bel quadro astratto, o magari di farlo direttamente sulla parete. Sappiamo fare molte più cose di quel che crediamo o che cercano di farci credere con un po' di coraggio possiamo ottenere splendidi risultati.

RISPARMIAMO QUALCHE SOLDO AMANDO MADRE NATURA

Non è mia intenzione oberarvi di quei gesti continui che fanno risparmiare acqua, gas o altre cose preziose di questa terra.
Mi limiterò ad indicare le soluzioni "definitive" che richiedono un solo intervento straordinario che aiutano a risparmiare per davvero.

1) I RIDUTTORI DEL GETTO IDRICO: costano pochissimo e sono semplicissimi da montare. Se applicate ad ogni rubinetto (doccia compresa) diminuiscono automaticamente il getto d'acqua del 50%. Pochi euro e pochi minuti per dimezzare il consumo idrico.

2) LAMPADINE A BASSO CONSUMO : come sopra.
(Non sono ancora riuscita ad avere notizie vere e certe sulla loro eventuale nocività alla salute, ma nell'attesa li uso tranquillamente).

3) PANNELLI RIFLETTENTI PER I CALORIFERI : si possono ordinare in internet a misura per ogni calorifero. Hanno lo scopo di irradiare tutto il calore nell'ambiente senza scaldare il muro (soprattutto quelli esterni). Quelli artigianali alla zia Maria sono dei cartoni tagliati a misura, fasciati bene con foglio d'alluminio fronte e retro e infilati tra il calorifero ed il muro....risultato: ottimo.

4) PIANTE: Per evitare di sciupare acqua che va benissimo per le piante, ne tengo diverse nelle vicinanze della cucina ed evito di innaffiarle appositamente, uso soltanto l'acqua che altrimenti andrebbe sciupata.

5) ACQUA : Se l'acqua di casa è già abbastanza buona non occorre caricarsi di bottiglie di acqua minerale. Chi non si sente abbastanza sicuro può installare un sistema di filtraggio (che spesso non è necessario) oppure "rivitalizzare" l'acqua con i diversi tipi di caraffe adatte che esistono in commercio. Personalmente mi limito a lasciare l'acqua in una caraffa di ceramica nella quale ho posto diversi quarzi ialini naturali (chiamati comunemente cristalli di rocca) e noto la differenza di gusto, ma soprattutto di leggerezza.

6) BASTONCINI D'INCENSO : Invece di usare deodoranti artificiali per la casa alcuni dei quali danno veramente fastidio alle vie respiratorie, basta accendere un bastoncino d'incenso che purifica oltre che profumare l'aria. Hanno un effetto calmante sul sistema nervoso ed aiutano la concentrazione. Onestamente devo anche dire che allontanano anche le zanzare in maniera efficace. Sono anche degli ottimi profumatori per biancheria. Se invece avete bisogno di eliminare un forte odore nell'ambiente è sufficiente riempire una ciottolina con del sale grosso e versarvi sopra dell'alcool, nel giro di pochissimo assorbe tutto.

7) STIRARE COME LA NONNA: abbiamo già visto il metodo sotto la voce stiratura.

8) ADATTARE UN POCHINO I NOSTRI COMPORTAMENTI
Se rimanete a casa durante una giornata freddissima anche con i riscaldamenti accesi soffrirete comunque un pochino se vi piazzate

davanti al computer. Potete approfittare del momento per cuocere qualcosa di sfizioso al forno o per far fuori quel mucchietto di roba da stirare che è già lì da un po' di tempo, vi eviterà di tirare su la temperatura del riscaldamento o di accendere stufette supplementari.

I SUPERTRUCCHI RISPARMIAFATICA

Queste piccole chicche derivano da un'esperienza personale di sperimentazione e di confronto.

1) Vedo le casalinghe partire all'attacco delle macchie come tori infuriati, incuranti della posizione che assumono e tanto meno della natura del materiale che va smacchiato.

N.B. prima di iniziare a strusciare, strofinare o smacchiare qualsiasi cosa (soprattutto le prime volte) oltre a ovviamente cercare di usare il prodotto "giusto" per eliminare la sostanza che ha provocato la macchia occorre *fare attenzione alla superficie macchiata*. Osservatene le venature, la porosità, l'inclinazione. E' molto importante per evitare fatica inutile. Molte persone strusciano sempre nella stessa direzione o dall'alto verso il basso oppure lateralmente e proseguono così sin quasi a rovinare ciò che stanno pulendo. Se il materiale ha una venatura diagonale muovetevi nella stessa direzione perché sono le venature ad assorbire, fare su e giù è inutile e faticoso.
Nel caso la superficie fosse abbastanza liscia ma la macchia rimane lì quasi con aria beffarda: usate lo straccio in tutte le direzioni, rotatorio compreso. Vedrete che ad ogni cambiamento di direzione scalfirete ciò che prima faceva resistenza.
Ripetiamo, se la superficie è liscia proviamo i seguenti movimenti:
- su e giù
- giù e su
- lateralmente (anche qui usando la stessa forza in entrambi i sensi)

- rotatorio sia in senso orario che antiorario
- in diagonale (sia dall'alto verso il basso che viceversa)
Se la macchia non è già scomparsa dopo questi otto movimenti si dovrebbe aver comunque compreso quale movimento è più proficuo.

2) Imparare ad usare tutte le parti del nostro corpo. Vedo persone inchinarsi inutilmente quando basterebbe un piccolo colpetto col piede per spostare alcuni oggetti. Altre usare le braccia per spostare una lavatrice, provate ad usare i fianchi….tutta un'altra storia……..
Per chi avesse i piedi prensili tirar su una penna cadutaci mentre scriviamo usando solo l'alluce ed il secondo dito del piede significa non scomodarsi affatto. Occorre trasportare sette, otto oggettini da una stanza all'altra? A secondo ovviamente della natura degli oggetti si possono sistemare: uno sotto ogni braccio, tutto quello che entra nelle tasche, uno sotto al mento e il resto tirando su il vestito o la maglia. Un solo viaggio per molti oggetti.

3) Vale per qualsiasi ambiente e può sembrare superfluo, ma l'organizzazione fa molto. L'organizzazione riguarda anche la disposizione degli oggetti. Pensate in primis alla cucina. Ho visto persone riporre l'olio e il sale, i due elementi principali di quasi ogni piatto, lontano dai fornelli ed in basso perdipiù. Può sembrare un esercizio maniacale osservare tanti gesti, ma pensate un attimo: alcuni di questi gesti EVITABILI vengono compiuti circa un paio di volte al giorno, tutti i giorni .
Evitarne anche uno soltanto significa eliminare almeno _700_ gesti inutili l'anno. Con una piccola riflessione di pochi minuti possiamo alleggerirci di migliaia e migliaia di movimenti assurdi a favore di altro ben più soddisfacente.

GESTIONE DELLLE INCOMBENZE ESTERNE

Possiamo provare a pensare che qualche volta possono essere persino piacevoli perché ci danno un pretesto per uscire, per fare un percorso stradale diverso, ma nella maggior parte dei NON è così ….vero?

Come ridurre al minimo lo stress in attesa di poterci permettere dei segretari personali che ci massaggiano anche i piedi?

1) Tenere SCRUPOLOSAMENTE un'agendina personale, dove segniamo: scadenze, appuntamenti (ovviamente consultatela prima di confermare gli appuntamenti), manifestazioni che interessano (così magari riusciamo ad incastrare anche le cose belle e piacevoli nella nostra quotidianità), le date di inoltro di alcune pratiche (oltre ad annotarle a matita sulla pratica cartacea stessa, in molte situazioni è veramente fondamentale), la data in cui avete trasmesso degli ordini telefonici perché serve come riferimento in caso di reclami o di solleciti e se volete le ricorrenze famigliari o altro.
Qualcuno potrebbe pensare che sia un lavoro in più: credetemi è utilissimo!
Prima di tutto vi liberate da un bel po' di ansia dovuto al tenere tutto a mente e poi vi permette di incastrare al meglio le situazioni, oltre ad essere un "testimone" a vostro favore in caso di necessità.

2) Sistemare i resoconti, documenti ed altre carte importanti in dei classificatori (inserendoli nelle bustine di plastica apposite) badando all'ordine cronologico....troverete qualsiasi documento vi serva in un battibaleno!

3) Internetizzatevi! Posso solo parlarne bene visto che ho conosciuto mio marito in rete. E' una vera miniera di informazioni utili di ogni tipo. Non sapete cosa cucinare ed in frigo sono rimasti pomodori e rape? Sui siti di cucina troverete ricette di ogni genere e specie.
Troverete informazioni preziose su tante pratiche burocratiche, sportelli informatici dove è possibile richiedere documenti on line (si può accedere di sabato, domenica, festivi e persino di notte). Quando non è possibile svolgere la pratica on line, troverete gli orari di apertura e sappiamo quanto alcuni uffici abbiano degli orari veramente bizzarri.
Esistono siti per praticamente ogni argomento possibile. Troverete le spiegazioni su come aggiustare un lavandino, come compilare il modulo delle imposte, le scadenze, l'elenco telefonico, consigli e pareri su

qualsiasi tipo di prodotto oltre a trovarli in vendita, come eseguire quel punto a maglia che non conosciamo, modelli da copiare, resoconti di viaggi molto dettagliati con l'elenco degli alberghi più economici. Potete mettere degli annunci per vendere o comprare le cose più disparate, comprare regali da far recapitare ad un amico che sta da l'altra parte dell'Italia. Con un minimo d'esperienza Internet può veramente agevolarvi la vita in tanti sensi.

4) Creare degli spazi appositi per le cose importanti di uso quotidiano. Non serve soltanto a trovare le cose più in fretta, ma ripetendo lo stesso gesto nello stesso posto l'inconscio registrerà il movimento e lo farete in automatico e tutti i gesti che facciamo in automatico consumano meno energia. Non so voi, ma vedo in alcune case degli allarmi generali e troppo spesso ripetuti, solo perché uno della famiglia non trova le chiavi di casa. Basta metterli sempre nello stesso posto e lì saranno. Qualcuno adduce la scusa che quando arriva a casa è stanco, con tanti pensieri e appoggia le cose dove capita. Certo se si inizia già la giornata con lo stress di non trovare questo e quello, trasmettendolo anche agli altri, tutto ciò che seguirà è ormai un po' condizionato. Sembra una sciocchezza, ma rispecchia tutto un atteggiamento generale. Mi spiego, le chiavi di casa, le chiavi della macchina, il portafogli, il cellulare, gli spiccioli per il posteggio o per il caffè.
Vale ancor più per chi si sposta spesso. Quando passavo da ragazza il weekend da mia madre, lasciavo sempre un astuccio grande nella borsa con alcuni oggetti "doppi". Avevo una spazzola che rimaneva sempre nella borsa, a casa ne usavo un'altra; così uno spazzolino, una confezione di filo interdentale e molte altre cose di uso quotidiano di poco costo. Nella borsa dovevo solo infilare un ricambio di abiti puliti ed ero subito pronta senza dovermi ricordare la spazzola o quant'altro.

5) I regali. Scusatemi se li elenco nelle incombenze, ma soprattutto sotto Natale, ad eccezione di pochi casi, diventa un ennesimo tour de force. Createvi la: *scatola magica.* Passate per caso davanti ad una vetrina, in una zona inusuale e vedete proprio quello di cui vi ha parlato un amico e magari è anche scontato! Compratelo subito! Non importa se è fine gennaio, dormirà fino a Natale prossimo nella scatola magica. A volte

arrivano a casa dei cataloghi con oggettini carini per fare dei pensierini quando andiamo a trovare qualcuno, ordinatene una decina o più perché con la scatola magica piena non vi capiterà di dover uscire delle ore prima, magari sotto la pioggia, per cercare qualcosa da portare a chi ci ha invitati a cena. Oltre al contenuto della scatola, aggiungiamo anche una piccola riserva di bottiglie di vino e/o spumante e così ogni invito è ancor più piacevole. Per chi ama il bricolage basta fare degli oggetti in più quando si hanno già le mani in pasta, oppure piantare qualche seme in più in dei vasetti carini e saremo quasi sempre forniti di regali. Lo stesso vale anche per gli abiti importanti da indossare ai matrimoni o per importanti incontri di lavoro come convegni o premiazioni. Sento persone partire per la caccia all'abito almeno dieci giorni prima spendendo una fortuna.
QUANDO CAPITA UN'OCCASIONE AFFERRIAMOLA l'occasione per sfoggiarla non mancherà. Quando si tratta di matrimoni soprattutto veniamo sempre a saperlo con diversi mesi d'anticipo, quindi abbiamo tutto il tempo per "imbatterci" nel capo giusto.

6) Ovviamente la banalissima, ma tanto dimenticata:
Lista della Spesa.
Per non ritrovarsi a doverla redigere la sera prima, aprendo e chiudendo i mobili di cucina, il frigo e il ripostiglio, basta tenere un piccolo blocchetto per gli appunti con i fogli staccabili e almeno due penne (una migrerà sempre per casa, meglio rassegnarsi subito) in un angolo di cucina e appuntare i prodotti che man mano si esauriscono. Ma non ho menzionato un altro modo di fare la lista della spesa solo per ricordarvi uno degli accorgimenti più tradizionali, l'ho menzionata perché pare sia una delle pochissime cose che gli economisti riescono a suggerire al "popolino" per risparmiare.
Dicono di fare la lista e di attenersi ad essa, come ad un'ancora di salvezza, per non comprare altre inutilità una volta risucchiati dai vortici compulsivi d'acquisto dei supermercati. Ma se non erro, la parola economia deriva dal greco : OIKONOMIA che significa proprio *gestione della casa...*

AMICI, CONOSCENTI, PARENTI, COLLEGHI, VICINI.....

Ahimè, gioie e dolori, tesori preziosi e spine nel fianco. Ognuno fatto a modo suo ed ognuno entra nelle nostre vite in maniera diversa.

Il nostro modo di vivere odierno (tranne che non si viva in un piccolissimo centro) ci porta sempre più verso una forma d'isolamento e/o di chiusura, ma in certi momenti paradossalmente, come sotto le feste, ci rendiamo conto del numero di relazioni che in qualche modo intrecciamo comunque. Gran parte degli auguri di Natale vanno a persone che incontriamo forse una volta l'anno, ma che ci fa comunque piacere sentire e ci stupiamo altre volte di ritrovarci gli auguri affettuosi di persone che non abitano spesso le nostre menti.

Anche qui siamo di fronte ad uno scambio energetico notevole. Come gestirlo al meglio?

Non credo di avere qualche lettore che provenga da Utopia laddove ogni cosa è perfetta, quindi cerchiamo di allentare lo stress, diminuire lo sforzo e godere il più possibile DA OGNI CONTATTO interpersonale.

COME?

Prima di ogni cosa, se riusciamo a stare spesso bene con noi stessi siamo già ad un ottimo punto. Esistono infiniti libri in merito, ora scendo nel crudo mondo materiale...

1) Ogni persona, per quanto possa sembrare simile a noi per provenienza (fratelli, sorelle, compagni di scuola), ideologie, sentimenti, gusti è sempre un'entità a se stante, unica ed irrepetibile quindi..

Foriera di sorprese sia in positivo, che in negativo.

Ci siamo dimenticati del gran numero di volti che incrociamo al supermercato, in macchina, agli sportelli, per strada........ e non ditemi che non siete mai rimasti di stucco di fronte alle reazioni assurde di alcune persone di fronte a situazioni banalmente quotidiane.

Quindi.....NON DARE MAI NIENTE PER SCONTATO.

Forse vi sembrerà una contraddizione rispetto al messaggio che sto cercando di portare, di rilassatezza e di tranquillità, ma devo darlo affinché si generi una vera rilassatezza in seguito, dopo esserci accertati d'aver posto una base abbastanza chiara.

Questo vale sia per una pratica ad uno sportello, sia per un incontro che potrebbe diventare un'amicizia e persino per un'amicizia decennale, perché anche la migliore amica può ritrovarsi improvvisamente in una situazione delicata e non trovare il coraggio di parlarvene.

Basta comunque un minimo d'attenzione per evitare, almeno in parte, disguidi o problemi.

Questo non vuol dire stare tesi in cerca di segnali, significa soltanto prestare ASCOLTO, attenzione nella maniera più tranquilla possibile verso ciò che ci accade intorno.

Un esempio banalissimo è l'uso delle parole, ovviamente verso chi non ci conosce, quante espressioni possono avere più significati...meglio essere semplici, chiari e il più concisi possibile e guardare la reazione di chi abbiamo di fronte. Meglio una domanda in più, per essere certi che l'altro abbia pienamente inteso, rispetto a qualche strana conseguenza dopo.

Devo dire che la fatica primaria è quella di cercare di capire la frequenza sulla quale comunicare per farci capire. Contano sia il tono, sia la scelta delle parole (soprattutto con persone di modesta cultura), che la velocità di espressione. A volte vediamo che basta uno sguardo, altre volte avvertiamo subito che forse nemmeno in una vita futura potremmo stabilire un vero contatto con quella determinata persona e allora....se non siamo proprio costretti......

2) Quanto vorrei poter scrivere che presentarsi con un sorriso è già un'offerta di pace e che viene quasi sempre contraccambiato. Purtroppo non è sempre così, sebbene personalmente continui a farlo con maggior convinzione. Esistono degli ambienti, delle famiglie in cui il sorriso desta troppo sospetto. Sembra strano vero? Eppure in seguito ho capito che una parte dei sospettosi del sorriso è pure costituita da brave persone.

Il ragionamento è: ma cosa avrà mai tanto da sorridere? Mi prende in giro? E' falsa? Nessuno sorride oggi giorno.

Purtroppo esistono delle realtà in cui presentarsi corrucciati è sinonimo di serietà, di autorità, di forza.

Questo può succedere anche alle feste, dove alcuni sentono il bisogno di presentarsi con la maschera.

Io personalmente cerco di portare il sorriso ovunque vada perché oltre al mio piacere personale di sorridere, il bilancio E' SEMPRE POSITIVO.

3) Cercare di tenere presente basta una cosa o due che fa piacere all'altro (soprattutto a livello di chiacchiera da salotto) e ricordarsi se c'è una cosa che proprio non sopporta.

In linea di massima va benissimo per qualsiasi contatto superficiale imposta per obblighi sociali (alcune mamme assieme alle quali attendiamo l'uscita dei figli da scuola, assemblee di condominio e tutte quelle altre belle rotture di "scatoline").

4) Perdonatemi se lo scrivo, ma potrebbe veramente aiutare....

Conoscete due, tre cozze che vi si attaccano ogni volta che le vedete, ma che incontrate in ambienti diversi? Fatele incontrare tra di loro, si troveranno bene l'una con l'altra e nel giro di niente vi *dimenticheranno* o si coalizzeranno per sparlarvi dietro, ma sarà sempre più *dietro*.

5) La suocera non perdona???

RICORDIAMOCI : ESISTE SEMPRE UNA CHIAVE

Ognuno ha un suo punto debole, una piccolissima porta d'accesso e in caso di guerra aperta senza esclusioni di colpi...... qualche atteggiamento o argomento che teme.

Non è mai costruttivo soccombere e basta, nemmeno per la persona che cerca di piegarci alla sua volontà.

Quelle volte in cui mi sono trovata in situazioni del genere, quando ho potuto ho semplicemente chiesto all'altra persona:

"Che cosa vuoi ? Se urli non capisco bene quello che dici. Sei disposto a trovare una soluzione assieme a me?"

Se non funziona subito, vengono quantomeno spiazzati.

Con altre persone di cui intuivo un minimo di cuore :
"Perché fai così ? Ti voglio bene e mi dispiace vederti soffrire."
Aspettatevi le reazioni più disparate.

Ho voluto riportare queste considerazioni anche come forma di
solidarietà perché so che si soffre, a volte anche troppo a causa di questi
meccanismi assurdi. L'unica via di vera libertà la troviamo nel perdono
perché sappiamo benissimo che ognuno porta la sua croce, visibile o
invisibile e spesso è il primo a non sopportare se stesso.
L'unica mia preghiera è di non credere di essere totalmente sbagliati (
certo ogni giorno abbiamo il dovere verso noi stessi di migliorarci) ma di
tenere presente che spesso è l'altro che sta ben peggio di noi quando ci
scarica delle false accuse o assurde pretese addosso.

Ultima cosa, in questo piccolo bignami di sopravvivenza,

non è mai successo che dando sempre più, l'altro abbia iniziato ad amarci.
ATTENZIONE è spesso una strada che conduce proprio verso l'odio nei
nostri confronti, perché l'altro inizia a sentirsi inferiore o in debito in
qualche modo oppure peggio ancora, si convince che tutto gli sia dovuto.

Leggendo queste righe vi chiederete con che razza di gente ho avuto a
che fare... beh veramente di ogni genere e specie, anche per il numero di
ambienti in cui ho vissuto. Si ho sofferto, ma mi ha anche insegnato
qualcosa su me stessa e sul genere umano.

"Vi sono più cose tra cielo e terra di quante ne possa sognare la nostra
filosofia" diceva il grande Shakespeare.

A proposito di persone assurde: telefonate anonime e l'altro sta lì in
silenzio? Un bel fischietto risolve il problema. Quando telefona e vi
angoscia col silenzio prendete fiato e fischiate forte,così impara a
scocciare.

Ultima nota un po' triste, ma moooolllltttttoooo utile:

alcuni personaggi particolarmente tronfi, pieni di sé e evidentemente frustrati, con cui ci troviamo a dover avere a che fare, e che purtroppo in certe situazioni, hanno un potere burocratico o altro su di noi o su un nostro bisogno o progetto... vanno sottilmente, ma assolutamente PRESE IN GIRO. Li avete già incontrati vero? Alcuni capi ufficio, alcuni impiegati statali, ispettori e controllori vari. Sono talmente boriosi da farci tenerezza. Non vale la pena innervosirsi; una volta intuito il personaggio e la situazione, iniziamo con un garbato complimento su qualsiasi cosa sia attinente al soggetto, dalla cravatta a qualcosa che ha sulla scrivania e sorridiamo, a meno che non si stia lamentando di tutto l'indegno e straordinario lavoro che lo costringiamo a fare. In questo caso mi raccomando d'assumere la faccia di circostanza (si possono fare le prove davanti allo specchio, come parte di un corso di sopravvivenza urbana) di esprimere immediatamente delle parole di scuse e ringraziamento per il suo impegno e di sottolineare quanto il suo intervento sia assolutamente indispensabile per la risoluzione del problema. A questo punto il soggetto SOCCOMBERA'.
Vi raccomando di prestare la massima attenzione nelle sfumature perché qualcuno di questi soggetti può a volte anche avere un po' d'intelligenza e se la nostra recita è troppo spinta, potrebbe accorgersi di essere preso in giro. Iniziamo per gradi e osserviamo la reazione del soggetto.

Si, lo so è penoso ma a volte non ti lasciano proprio scelta. Uno non può sobbarcarsi una dose di feroce arrabbiatura solo per sbrigare una pratica.
Esiste ancora un'altra eventualità, e vi auguro di dovervi ricorrere, se siete certi che quel impiegato ha il dovere di svolgere la pratica o quantomeno di indirizzarvi nel modo giusto e......e....... vedete che non ha nessuna voglia di farlo e vi imbastisce delle mezze parole in mezzo ai denti....si può anche arrivare ad urlare pretendendo di parlare con un suo superiore. Ad oggi l'ho fatto circa cinque volte ed ogni volta....MAGIA. Tutto si è risolto subito.
Prima di arrivare a questo cerchiamo da parte nostra di essere:
ben informati-
esprimerci nella maniera più consona-
presentarci sorridenti ed educati-

avere d'appresso tutta la documentazione che sappiamo essere necessaria (altrimenti è solo uno spreco di tempo) basta telefonare prima nell'incertezza-
Se con tutto questo iniziano a farci girare come delle trottole da un ufficio all'altro, o mostrano chiaramente di non volersene occupare: URLIAMO!!!
E' una nazione faticosa la nostra, ma se ognuno facesse il proprio dovere saremmo già a buon punto e noi abbiamo il sacrosanto diritto di rivendicare un giusto trattamento da chiunque.

Rimane ancora il caso purtroppo non molto raro, del collega o collaboratore che adotta la famosa : *resistenza passiva* e con questo procedere frega inevitabilmente una o più persone della cerchia.
Sono quelle persone che iniziano spesso le frasi con: "scusi sa io non capisco", "scusi sa non ci riesco mai", "scusi sa ho già cosi tante cose da fare che proprio non mi raccapezzo, Lei che è così bravo, così intelligente riuscirebbe a fare tutte queste cose in un attimo".
E questa è la versione pseudo/educata e estroversa.
La versione introversa è quando: a fine giornata vi accorgete parecchie volte, che quel vostro collega non ha mai terminato o nemmeno iniziato, il lavoro che gli avevate affidato, adducendo la misera scusa di non aver avuto nemmeno il tempo di avvisarvi che non ci sarebbe riuscito, quando lo avete chiaramente visto prendere il caffè almeno tre volte solo nel pomeriggio.
La versione maleducata (ma forse la più sincera) è: "Cosa credi che io non abbia altro da fare!" "Ho mansioni ben più importanti da svolgere!" Poi lo vedete mandare messaggini a tutto spiano ad una chat o togliere di colpo la schermata del solitario.
La soluzione più semplice è parlarne col direttore (l'antica storia del fare la spia è solo un mezzo di ricatto, ovviamente copriamo i nostri colleghi quando sappiamo che hanno dei problemi o sbagliano per stanchezza, ma la truffa giornaliera non va sopportata) ed esigere una precisa suddivisione dei compiti. Ovviamente qualche miserello tenterà di pugnalarvi alle spalle e di mettervi in cattiva luce: ma qual è l'alternativa?
Una chiacchierata amichevole?

Un caso su cento effettivamente non si rende veramente conto del danno che vi provoca, gli altri 99 vogliono sbolognare sugl'altri il loro lavoro anche a costo di annoiarsi tutto il giorno. Pensano in questo modo di rifarsi del male che continuamente ricevono o più semplicemente non gliene importa nulla del prossimo.

Minacciare di parlarne col direttore?

Vi precederanno.

L'unica possibile alternativa è riprendere la persona con forza la prima volta, davanti a testimoni se ricapita (con dolo), ma se perseguita fatevi sentire in alto.

Gli ambienti d'ufficio e di lavoro in generale possono essere un vero inferno a volte. Diventa più faticoso gestire i rapporti con gli altri che non il lavoro stesso. Si creano talvolta dei meccanismi a dir poco assurdi.

Se trovate delle persone sulla vostra lunghezza d'onda e sincere unitevi, altrimenti dopo qualche tentativo di socializzazione finito male, lasciate perdere. Possiamo trovare le amicizie fuori dal lavoro, in ufficio cortesia e dolce fermezza. Vi rispetteranno molto di più e vi creeranno molti meno problemi. Se insistono con domande insidiose, lasciateli di stucco con risposte assurde o ribaltando la domanda: Tu che ne dici? Si stancheranno E soprattutto stancheranno sempre meno voi.

L'energia che avrete risparmiato potrete usarla per cercare con calma un lavoro veramente adatto a voi o quantomeno un ambiente più adatto.

E' LA VOSTRA VITA!!!!!!!!!! Passiamo almeno un terzo delle nostre esistenze a lavorare, cerchiamo di farlo nell'ambiente più adatto.

Questo può anche significare, e personalmente, prima di cambiare lavoro scelsi quest'opzione, di svolgere una mansione meno "importante" ma che mi permetteva di organizzarmi il lavoro da sola, di non fare degli straordinari inutili e faticosi e di chiacchierare qualche minuto con i clienti più simpatici che telefonavano: si, chiesi io di fare la centralinista. Dirigevo l'ufficio esportazioni, telefonavo in quasi tutto il mondo, ma non ne potevo più. Il centralino non mi stancava il cervello e andavo a casa con più energie per dedicarmi a cose veramente importanti per la mia esistenza. Ogni lavoro è dignitoso e inseguire la chimera dell'aumento di stipendio in base alla promozione è spesso *la fregatura per eccellenza* ed i datori di lavoro ci marciano sempre.

Mi trovate cinica? Preferisco dire che ho avuto molta esperienza.

Uno dei privilegi più grandi della vita è fare un lavoro che dia soddisfazione qualsiasi esso sia, anche vedere una strada pulita grazie al nostro lavoro è una grande soddisfazione.

I VIAGGI
Esistono i viaggi di lavoro (quasi sempre in posti squallidissimi), i viaggi obbligati (il quarto matrimonio della nostra cara pro zia che si risposa nello Zimbabwe) e i cosiddetti viaggi di piacere. Sembra quasi che non si possa più fare le vacanze restando a casa, ma bisogna per forza imbarcarsi su qualche aereo low cost per sbarcare dove rischiamo di ritrovare le stesse persone che vediamo tutto l'anno.
Sta scrivendo una persona che adora i viaggi e tutto il patrimonio di conoscenza del mondo e dell'umanità che possono offrirci, ma che è un po' schizzinosa. Vorrei ogni volta potermi portare d'appresso il mio bagno di casa, l'intero guardaroba perché non si sa mai come cambia il tempo, una discreta farmacia nel caso scoppiasse un'epidemia di colera a Helsinki ed una pochette per i trucchi grande quanto un bagaglio a mano, tanto per non esagerare. Con gli anni, osservando altri viaggiatori, incassando le battute più che giustificate di mio marito e sbagliando ho trovato il modo di conciliare abbastanza bene le cose, godendomi sempre più la meravigliosa esperienza che i viaggi rappresentano per me.

Come rendere qualsiasi tipo di viaggio almeno un po' interessante e meno faticoso?

1) A meno che non varchiate mai i confini nazionali, almeno un po' di inglese va imparato anche se partite con un amico che parla benissimo sei lingue, con una gita organizzata o andate in una filiale estera della ditta per la quale lavorate, un imprevisto può sempre capitare. Una conoscenza elementare dell'inglese vi permette anche una maggiore libertà ed indipendenza. Ho conosciuto una coppia di francesi che viaggiavano solo nei paesi del nord africa perché francofone.
Ma noi italiani purtroppo non abbiamo nemmeno questa fortuna.
Il vantaggio secondo me, del conoscere questa lingua ormai universale è che ci permette di interagire con le persone del posto e cogliere ciò che

un turista "guidato" non potrà mai conoscere. Gli scambi di umanità avuti con delle persone in un bar, coi tassisti, con qualsiasi persona del posto ci dà la possibilità di cogliere le differenze e le similitudini culturali, spirituali e di quotidianità.

2) Informarsi sulle condizioni climatiche, economiche, politiche, culturali prima di partire e se intuite che sarebbe troppo impegnativo dovervi adattare: rinunciate. Anche se si tratta di lavoro, chiedete un'altra destinazione. L'avventura può essere affascinante, ma ritrovarsi lontani da casa in situazioni spiacevoli o ambigue non è il massimo.
A questo punto anche un viaggio in Svizzera può provocarvi il mal di pancia. Portarsi sempre un disinfettante generico (per ripulire un minimo i sanitari della camera d'albergo) ed un disinfettante intestinale perché a volte il nostro corpo, magari stanco dal viaggio, reagisce a qualsiasi tipo di cambiamento di alimentazione. Molte donne soffrono di uno sfasamento del ciclo mestruale durante i viaggi (che seccatura!). E' dovuto ad un cambiamento della gravitazione lunare che varia da luogo a luogo. Armiamoci sempre di assorbenti.
Non basta bere solo acqua minerale nei paesi del sud, occorre fare attenzione ad ogni cosa che si avvicina alla bocca, al naso e agli occhi. Ovviamente senza angoscia, basta un po' di attenzione. Siamo talmente abituati a mangiare la macedonia al ristorante che ci sembra naturale farlo anche all'estero, ma ti può fregare quanto l'insalata.
Se avete bisogno di farmaci abituali portatevene una scorta che duri anche oltre il tempo previsto del viaggio, premunirsi contro gli imprevisti è sempre meglio che subirli. Se avessi finito il dentifricio sul mar morto in Giordania avrei dovuto noleggiare una macchina e fare un viaggio di un'ora e mezzo, passando diversi posti di blocco, per arrivare alla città più vicina.

3) Informatevi sulle carte di credito maggiormente accettate in quel paese (servirà soprattutto per il noleggio di un auto). Negli Stati Uniti le banche non cambiavano gli euro! L'unico cambiavalute era all'aeroporto, lontano da dove ci trovavamo.
Comunque avere a disposizione una discreta scorta di contante da cambiare un po' per volta sul posto è sempre un'ottima risorsa.

4) Quando preparate la valigia pensate che in viaggio ci si sente sempre un po' stanchi o comunque un pochino a disagio e scegliete gli abiti (anche quelli eleganti da sera) di conseguenza. Anche se andate nel paese più caldo del mondo un maglione serve sempre, sia per l'aria condizionata di alcuni luoghi sia perché un lieve malessere può portare un fastidioso senso di freddo.

5) Nei viaggi di lavoro è comunque possibile godersi qualche aspetto turistico del viaggio. Nelle grandi città si trovano i pullman turistici ovunque e se i colleghi stranieri sono ospitali si può sempre chiedere di mangiare in un posto tipico (informatevi prima altrimenti rischiate di digiunare). Ricordo i racconti dei venditori esteri in ufficio. Un ricco e generoso cliente offrì al nostro collega la cena più prelibata :
testa di scimmia falciata sul tavolo dei commensali che dovevano inzuppare dei pezzi di pane azzimo nel sangue ancora caldo della bestiolina appena uccisa.
Soprattutto durante i viaggi, non dare mai niente per scontato.
In casi come questo, l'unica salvezza è simulare un terribile malessere.

6) Questo più che un suggerimento è quasi un invito. Se avete bisogno di sfogarvi, di ballare fino a notte fonda, si stare in mezzo alla bolgia con le luci stroboscopiche e non sentite il bisogno di molto altro; potete trovare tutto questo sulla riviera romagnola senza imbarcarvi per destinazioni lontane. Ho visto persone arrivare fino in Indonesia per rimanere sul bordo della piscina dell'albergo....perché??? Se è per la solita domandina maligna dei colleghi: dove sei andato in ferie?
Si può trasgredire al massimo dicendo di non amare i viaggi perché oramai abbiamo già visto tutto e non esistono più terre nuove ed inesplorate. La scusa della vacanza intelligente non regge più. Altra possibilità è quella di dire che si è stati in ritiro mistico in un convento sperduto.

7) Per i pendolari consiglio nuovamente la mezza borsa sempre pronta, con un doppione degli effetti personali più comuni in modo da dovervi preoccupare solo di un cambio d'abiti.

8) Se avete qualcuno di cui potervi veramente fidare date loro una copia delle chiavi di casa...non si sa mai. Troppe persone si dimenticano di chiudere le valvole del gas e dell'acqua prima di partire che sono precauzioni veramente indispensabili.

9) Un viaggio costa comunque abbastanza anche con tutte le offerte ed i pacchetti che talvolta si rivelano dei pacchi. Per garantirvi in qualche modo, almeno una esperienza bella dall'investimento, cercate una destinazione che vi offra la possibilità di vedere o di vivere un'esperienza attinente ad un vostro interesse. Qualche viaggio che ho scelto per convenienza economica e per mera bramosia giovanile di conoscenza si è rivelato veramente deludente. I racconti degli amici e dei conoscenti non sempre sono la fonte più attendibile perché ognuno di noi ha gusti e sensibilità diverse. Ricordo uomini entusiasti sull'isola dell'Asinara solo perché vi era stato imprigionato un noto mafioso, filmavano pazzi di euforia tutto, non solo il carcere abbandonato. Vi garantisco che è uno dei posti più squallidi e duri ch'abbia visto.

10) Imparare almeno il saluto più comune nella lingua locale mette sempre di buon umore i venditori di souvenir che si riflette in una maggiore possibilità di sconto. Ricordiamoci di essere ospiti, siamo i primi a beneficiarne.

IL DIVERTIMENTO

Vi chiederete cosa c'entri il divertimento in un manuale sulla fatica? Pensateci un attimo. Non avete mai pronunciato le parole: "che fatica" dopo una serata fuori con amici/conoscenti o una scampagnata ?
Non so voi, ma io parecchie volte. Se il gioco non vale la candela e ovviamente potete prevedere la situazione, non è forse meglio dedicare quelle ore a qualcosa di personalmente gratificante o più urgente per se stessi? Quel bellissimo libro così interessante, il piacere di un bagno caldo e profumato con tutte le candele accese.

Certo che dobbiamo uscire in compagnia e coltivare le nostre amicizie; perché gli amici "veri" sono preziosi ed i nuovi contatti sono sempre opportunità di crescita personale e di scambio umano (altra fonte inestimabile di vita), ma oggi divertirsi sembra diventato un obbligo! Siccome di obblighi ne abbiamo già abbastanza, selezioniamo un po' di più e ... ripeto e... non preoccupiamoci della domandina del lunedì mattina sul luogo di lavoro: "che hai fatto questo weekend?"

Per molti weekend ho studiato astrologia e tanti altri argomenti interessanti, che mi hanno dato la possibilità di capire un po' di più me stessa. Ovviamente non potevo confessare questo genere di cose a tanti miei colleghi, quindi rispondevo semplicemente che mi ero goduta l'ozio assaporando le piccole cose della vita. Qualcuno di loro avrà sicuramente bisbigliato alle mie spalle : "sfigata", ma il mio viso era talmente disteso e sorridente che qualcuno insinuava sempre altri godimenti di certi miei fine settimana... che divertimento lasciarli nel dubbio.

Sento sia necessario, soprattutto per i giovani, invitarli a non scambiare face book per una forma di socializzazione vera. Può essere utile, divertente, ma anche molto ingannevole. Se la o le persone che vi intrigano particolarmente vivono troppo lontano per incontrarvi, cercate almeno un contatto telefonico per "sentire" meglio chi è dall'altra parte. Anche in questo caso l'istinto o intuizione può valere parecchio più di tanti giri di parole. Avere a che fare con persone sgradevoli o con altri lati oscuri, assorbe moltissime energie e le nostre energie sono sacre.

Ho sentito necessario trattare le conoscenze virtuali perché è lampante che nelle grandi e medie città, soprattutto, riuscire a socializzare è diventato un problema. Vige purtroppo un forte clima di diffidenza ed un caos sia ambientale che umano che rende veramente difficile entrare in contatto con nuove persone. Se avete un interesse particolare, informatevi se esiste un circolo o un associazione riguardante l'argomento, avrete almeno un buon punto di contatto iniziale.

Spero profondamente che le vostre vite siano già colme di persone splendide con le quali relazionarvi, ma dai segnali che mi arrivano con crescente insistenza, temo che quel che ho appena scritto possa essere utile a qualcuno.

E ora chiedetevi: cosa mi diverte veramente? Quali sono le persone con cui mi sento veramente a mio agio? Cosa mi piacerebbe davvero fare, provare o sperimentare almeno una volta nella mia vita? Quale angolo del mondo mi attira da sempre?

Avete trovato le vostre risposte? Organizzatevi e se volete cercate di coinvolgere le persone giuste per vivere questi bei momenti.
Non riuscite a trovare o a coinvolgere le persone giuste? Andate da soli (basta che non sia una spedizione nel Sahara o altra impresa rocambolesca) può essere un'opportunità per fare nuove amicizie o semplicemente per confrontarvi con voi stessi per capire meglio come reagite al mondo, al prossimo o all'imprevisto.

Rinunciare di tanto in tanto alla solita cena del sabato sera, non solo vi permette di avere più tempo per dedicarvi ai vostri interessi personali, ma vi permette anche di RISPARMIARE qualche soldino che vi permetterà di vivere un'esperienza magari indimenticabile....
Sogno ancora di fare un giro in mongolfiera, di dormire su un albero e tante altre cose appuntate sul frigo in cucina. Sarei felice di vedere i vostri post-it.

Va bene, ora tratterò la parte più spinosa della questione divertimento e spero di essere perdonata aprioristicamente :

certa gente è proprio noiosa!

Siete d'accordo? Durante certe serate ho avuto l'impressione di lavorare in un centro di rianimazione. Nulla li scuoteva. Erano talmente compresi nel loro ruolo di "professionisti" o di persone "serie" che ogni sillaba veniva vagliata con attenzione sebbene fossimo in quel contesto soltanto per svago. Non escono mai dal ruolo che credono venga loro richiesto. Altre persone invece hanno interessi molto diversi dai nostri e non si sentono di affacciarsi su altri campi neppure a livello di chiacchiera da salotto. Questo non accade solo durante i matrimoni nei quali ti rifilano nel tavolo dei parenti perché : "solo tu li puoi sopportare", accade molto più frequentemente di quel che si possa immaginare.

Possibilità di sopravvivenza a serate del genere?

- Una delle armi più potenti contro le avversità della vita:

l'IRONIA

L'ironia assieme alla fede mi hanno salvato letteralmente la vita!!!
Ironizzare (anche semplicemente dentro di sé senza coinvolgere altri)
sugli eventi della vita aiuta immediatamente a prenderne un po' le
distanze. Quel po' di distanza che permette di trovare alternative e vie
d'uscite precluse quando si è troppo presi da una situazione.
L'ironia ci permette di non prendere troppo sul serio cose che non
meritano tanta attenzione ed energia.
L'ironia permette la risata liberatoria che porta con sé nuove speranza ed
energia. Prometto di fermarmi ora, prima di iniziare un trattato sull'ironia
che è secondo me, una qualità indispensabile per la sopravvivenza.

- Altra possibilità , un po' più impegnativa, ma pur sempre interessante,
è l'approccio scientifico. Consiste nell'avvicinarsi con SINCERA EMPATIA
verso i convitati ed osservarne i comportamenti, le reazioni, la scelta
delle parole dette e non dette e confrontarle (mentalmente senza
farvene accorgere ovviamente) con i vostri modi di vedere, di sentire, di
percepire. Descritto in questo modo potrà sembrarvi la preparazione di un
documentario della BBC, ma provate un po' per gioco, un po' per curiosità,
un po' perché in certe occasioni non rimane molto altro da fare e vi
accorgerete di molte cose.

ORRIBILI FONTI INUTILI E DANNOSE DI FATICA

Vi avevo promesso all'inizio di questo viaggio esplorativo sul mondo della fatica che sarei stata breve e spero d'aver tenuto fede alla promessa dicendovi che siamo giunti quasi alla fine. A mo di riepilogo facciamo un decalogo di cose da allontanare dal nostro quotidiano per faticare meno e vivere di più:

- credere che il fare compensi alcune mancanze

- prestare troppa attenzione a sciocche convenzioni sociali

- prendere tante cose troppo sul serio (compresi noi stessi)

- sobbarcarsi un terribile senso stoico del dovere

- lasciarsi prendere dai sensi di colpa per non aver fatto tutto subito

- lasciarsi influenzare da critiche distruttive proprie ed altrui

- cercare di attenersi alle tendenze del momento, noi duriamo di più

- fare come si è sempre fatto

- credere a chi ti dice che non c'è alternativa

- pretendere la perfezione da noi stessi e soprattutto dagli altri

- pensare che sia sempre l'azione a cambiare le cose

- dare sempre tanto con la speranza di essere amati o almeno accettati

- privarsi di un'ora di gioia per portare avanti i propri impegni

- lavorare tanto da dimenticarsi come sia un cielo stellato

Per un riepilogo un filino goliardico delle proposte positive da tenere a mente vi invito alla lettura del:
MANUALE DI SBAGASCIAMENTO sul sito www.cominciodame.it

La vita è un dono a breve scadenza sebbene possa sembrare interminabile nei momenti bui; onoriamola vivendola il meglio possibile, liberi dalla fatica autoimposta e da quella che cercano di caricarci sempre più.

Che almeno un momento di gioia allieti ogni giorno delle nostre vite!!!!!!